손정의 사업가 정신

손정의 사업가 정신

창업과 경영의 본질을 말하다

이노우에 아쓰오 지음 | 이지현 옮김

비즈니스랩

시작하며

일을 이루는 것

- 기업가起業家, 사업가事業家, 경영자經營者

To Accomplish Something

- Start-Up Founders, Entrepreneurs, and Business Owners

이 책은 사업가 손정의 정신을 독자들이 자신의 삶과 내면에 접목시키길 바라는 마음으로 집필했다. 나는 이 책을 '기업가, 그리고 기업가를 꿈꾸는 사람들을 위한 책'이라는 명확한 목적의식을 가지고 집필하기 위해 노력했다. 30여 년에 걸친 취재를 통해서 알게 된 손정의 혼이 깃든 말과 행동을 대략의 연대기에 따라 전기적 방식으로 옮겨 담았다.

The goal of this book is to convey to readers the mentalities and mindsets of the entrepreneur Masayoshi Son, so that they can incorporate the knowledge in their own lives. I wrote this book with a clear audience in mind—founders and aspiring founders of start-ups. I learned a lot about Son through my over 30 years of interviews with him, and in this book, I have laid out his choicest words and actions—the ones that most reveal the core of who he is— in a loosely chronological, biographical fashion.

최근 들어 세계화가 더 큰 주목을 받고 있는 가운데 "손정의는 누구인가?"라는 물음에 답을 하고 싶었다. 그의 메시지를 일본뿐만 아니라 전 세계 젊은이와 기업가에게 전하고 싶었고, 특히 그가 세상을 향해 내놓은 발언들을 사람들에게 생생하게 전달하는 것이 의미 있다고 생각했다. 손정의가 미국에서 인터뷰했던 내용과 심플하면서도 강인한 메시지를 담은 것이 특징이다. 손정의는 자신을 '사업가'라고 말한다. 사업가란 기업가와 어떻게 다를까?

예전에 내가 들었던 정의定義는 "기업가는 일을 일으키고 사업가는 일을 이룬다. 그리고 경영자는 일을 다스린다"였다. 기업가와 사업가, 경영자. 이 책을 집필하기 위해 이들 세 가지 용어의 차이점을 다시 한번 생각해 보고 기업가에게 보내는 그의 메시지를 들을 수 있었던 2019년 10월 18일의 인터뷰로 이 책의 서문을 열고자 한다.

Through this book, I wish to answer the question that has been asked worldwide in recent years: "Who is Masayoshi Son?" I believe that his message should be conveyed not just within Japan, but to young people and start-up founders throughout the world, although of course it is also meaningful to convey his words as they are to the people. His interviews with U.S. media—a simple yet powerful command of the language, English as spoken by a Japanese person. Son maintains that he is an entrepreneur. What is the difference between an entrepreneur and a start-up founder?

In the past, he gave me this definition: "Start-up founders establish things. Entrepreneurs accomplish things. Business owners solve things." Start-up founders, entrepreneurs, and business owners. While writing this book, I asked him again what the differences were between these three, and received a message from him, on October 18th 2019, in response that is aimed towards start-up founders. I

시작하며　5

would like to start off this book with the very interview in which he gave me this response.

◆ ◆ ◆

__"기업가는 일을 일으키고 사업가는 일을 이룬다. 경영자는 일을 다스린다." 예전에 이런 말씀을 하셨는데요. 오늘은 그 차이점에 대해서 좀 더 자세하게 듣고 싶습니다.

기업가는 어떤 면에서 광기狂氣를 가지고 있어야 합니다. 기업가는 지금까지 존재하지 않았던 것을 창조하며, 일반 사람은 생각하지 못하는 것들을 생각하는 사람입니다. 이런 의미에서 보통의 사람과 동떨어진, 사뭇 다른 세상을 사는 듯한 사람이 기업가로 적합합니다.

__부적절한 언행으로 물의를 일으켜 자신이 직접 세운 회사에서 쫓겨나는 기업가들이 적지 않습니다. 그런 사람들은 광기가 너무 지나쳤을까요?

◆ ◆ ◆

__You once said that start-up founders establish things, entrepreneurs accomplish things, and business owners solve things. Today I'd like to ask you about these differences in more detail.

Start-up founders have to be crazy, to some extent. Start-up founders think about things that other people don't, and come up with things that don't exist yet. In that sense, I think the kind of people that are suited for founding start-ups are people who are a bit from the mainstream.

__There are more than a few start-up founders who have gotten themselves into trouble with their eccentric words and actions, and been chased out of their own companies. Would you say these

기업가들은 모두 대단한 광기를 가지고 있죠. 보통 사람들과 비교하면 차원이 다를 겁니다. 그런데 안타깝게도 광기가 '일을 이루는 단계'까지 이르지 못하고 끝나는 경우도 많습니다.

people were a bit too crazy?

They're all crazy. They're just… different from normal people. doesn't last them the whole way, when it dies out before they really get to accomplish something.

__'사업가'가 되지는 못했다는 이야기군요.

__They weren't able to become entrepreneurs.

하지만 기업가로서는 훌륭한 역할을 해낸 겁니다. 스티브 잡스 역시 젊은 시절에는 그런 광기 때문에 애플 컴퓨터(현 애플)에서 쫓겨났습니

But, they served an important role as the founder. For example, Steve Jobs, when he was young, was chased out of Apple Computers (current

다. 하지만 그는 다시 애플로 돌아갔고, 멋진 일들을 이뤄냈습니다. 광기 어린 미친 '기업가'가 '사업가'로 새롭게 다시 태어난 순간이었죠. 이는 힘든 역경과 시련을 겪고 자신이 진심으로 원하는 것을 찾았기 때문에 가능한 일이었습니다. 그 과정 안에서 말도 안 되는 소리도 하고, 말도 안 되는 행동도 하죠. 하지만 첫 단계에서는 그런 말도 안 되는 것들을 쏟아내야 합니다.

Apple) because of this "craziness." But then he returned, and was able to accomplish something—to a truly amazing extent. This was the moment when the crazy start-up founder became an entrepreneur. And of course it was only possible because he'd experienced some hardships, and figured out what he'd really wanted to do. Start-up founders might sound crazy—the things they're saying don't make sense, their actions don't make sense. But in the beginning, you pretty much have to not make any sense.

__그러지 않으면 아무것도 시작할 수 없다는 말씀이시군요.

__Otherwise nothing would ever get started.

상식을 뒤엎는 발상이란 말도 안 되는 것이라야 합니다. 그렇지 않으면 애초에 그런 발상이 나오지도 않아요. 아티스트와 같다고 생각하면 더 이해하기 쉽습니다. 록 뮤지션을 떠올려 보세요. 제가 그들을 좋아하는 가장 큰 이유는 아티스트적인 멋진 면모를 갖추고 있기 때문이에요.

I think the kind of idea that upends how people think of the world has to not make any sense. It'd be very difficult to come up with an idea like that while trying to make sense. It's like being an artist, or a rock musician. When I say I love start-up founders, it's because of this almost artistic brilliance. They're creating something

언제나 새로운 것을 창조하죠. 바로 그 창의력입니다. 저는 이런 점을 높이 평가하고 존경합니다.

소프트뱅크 비전펀드는 현재까지 약 90여 개 사를 대상으로 투자하고 있는데(2019년 11월 6일 현재), 창업자들 대부분이 어느 정도는 광기를 가지고 있습니다. 이렇게 광기를 지닌 기업가 중에서도 유니콘 레벨까지 회사를 성장시키는 부류가 바로 돌파력을 갖춘 사람입니다. 이런 부류가 10억 달러를 뛰어넘는 기업 가치, 즉 유니콘 레벨까지 오를 수 있는 거죠.

유니콘 레벨까지 오르지 못한, 즉 기업 가치 10억 달러의 벽을 뛰어넘지 못하고 끝나버리는 부류는 유니콘처럼 날개가 돋지 못한 보통의 말이 됩니다. 날개가 있어야 하늘을 날 수 있습니다. 다시 말해 유니콘이 되어야 한다는 말이죠. 이런 사람이 바로 훌륭한 기업가입니다.

── 날개가 있느냐 없느냐.

네, 그저 점프만 하는 것이 아니

new. It's creativity. I think very highly of that, and have a lot of respect for them.

We've invested in about 90 start-ups now through the SoftBank Vision Fund (as of November 6, 2019), but these founders are all crazy, to some degree And the ones that are able to get their start-ups to unicorn level—they are the truly determined ones, even among the already "crazy" population of founders. These are the kinds of people that are able to turn their start-ups into unicorns, with valuations of over a billion dollars.

The founders who weren't able to get to this level, who ended their journey without making it past that billion-dollar corporate value, were horses, in other words. They weren't able to grow wings. The ones that grow wings are the ones that fly, that turn into unicorns. And those are the truly incredible start-up founders.

── Whether they have wings or not.

Wings, yes, in the sense that

라 정말로 하늘을 난다는 의미에서의 날개입니다. 그 경계가 기업 가치 10억 달러를 뛰어넘는 수준까지 올라설 수 있느냐 없느냐라고 생각해요. 여기서 말하는 10억 달러는 날개의 기준이자 척도가 됩니다. 결국 기업 가치가 10억 달러를 넘지 못하는 레벨은 나름 점프는 하고 있지만 멋지게 하늘을 날지는 못한다, 날개가 돋지 않았다, 그저 잘 뛰는 말 정도였다. 이 말이죠(웃음). 말이냐 유니콘이냐는 날개가 있느냐 없느냐에 따라 달라집니다.

주변을 둘러보면 "나도 기업가다"라고 말하는 벤처 경영자가 많은데 저는 그들에게 이렇게 묻고 싶습니다. 날개는 있는가? 일시적인 점프를 하고 있는 것은 아닌가? 즉 100만 명 규모의 사용자를 사로잡지 못하지 않았느냐고 말입니다.

대개 100만 명 규모의 사용자를 보유하고 있는 회사는 10억 달러 정도의 기업 가치를 가지고 있습니다. 100만 명의 마음을 사로잡았고, 그들에게 무언가 새로운 가치를 제공

they don't just jump—they fly through the skies. And of course, what divides them is whether or not they're able to get over a billion dollars in corporate value. That billion dollar mark is what determines whether you have "wings." Founders who couldn't get their start-ups valued at over a billion dollars may have been jumping, but they weren't flying. They were horses without wings [laughs]. The difference is whether you're a horse or a unicorn, whether you have wings or not.

There are a lot of venture CEOs out there that call themselves start-up founders, and my question to them is, "But do you have wings?" Maybe it's just a temporary jump. They haven't been able to acquire a user base in the millions, in other words.

Have a user base in the millions, and you'll get to a billion dollars in corporate value. When you get to this level—when you capture the hearts of a million users, and provide them with new value—you'll generally become a

할 수 있는 수준이 되면 대략 10억 달러의 기업 가치를 이루었다는 말입니다.

그 미만은 어느 정도 일시적인 두각을 나타낼 수 있을지 모르나 언젠가 경쟁사에게 추월당하거나 도중에 흐지부지 사라지고 맙니다. 제가 보기에 이런 사람들은 그저 기업가를 선망해서, 기업가를 흉내내고 있었던 것뿐이에요. 열정은 있었지만 실력이 뒷받침되지 못했기에, 고객에게 무언가를 충분히 침투시킬 수 없었다는 말이죠. 물론 좋은 아이디어가 있었고, 그래서 도전은 했지만 실질적으로는 이렇다 할 성과가 없었기에 결국 날지 못한 겁니다. 유니콘이 되지 못한 것이죠.

남을 모방하는 것이 아니라 새로운 것을 창조하여 새로운 도전을 하는 사람이 바로 진정한 기업가입니다. 그야말로 '일을 일으키는 것'이죠. 모방하지 않고 '일으키는 것'. 새로운 세계관을 창조해 내는 사람이 바로 '기업가'입니다. 그리고 그것이 기업 가치가 10억 달러를 넘는 수준,

company valued at a billion dollars. Anything less than that is not enough. Maybe you're out in front now, but you might be overtaken. Or, the company may just peter out before it gets very big. These people, to me, are wannabe founders. They had the passion, but they didn't have the skills. Or maybe they just weren't able to get their customers to understand them as well as they needed to. They had the idea, and devoted themselves to the challenge, but in the end, weren't able to accomplish much. They weren't able to fly. These people ultimately weren't able to get to unicorn level.

Start-up founders don't imitate others—they create new things, and take on new challenges. They "start up" business. They don't imitate, they "start." And in doing so, they create new worldviews. That's what a founder does. But until they're able to break through that billion-dollar level, amass a million users, I don't think you can really say they've "started up" a business. They might be working

실제 사용자가 100만 명을 넘는 수준까지 도달해야 합니다. 그러지 못하면 진정한 의미에서 일을 일으켰다고 할 수 없습니다. 도전은 했지만 충분히 날지 못했다는 말입니다. 날개가 돋는 수준까지 이르지 못했다면 보통의 평범한 말밖에 되지 못한 겁니다.

제가 비전펀드를 만든 이유는 100만 명 규모의 사용자들에게 가치를 주고, 그것을 통해 어느 정도 지속가능한sustainable 사업을 지원하기 위해서입니다.

지속가능하다는 것을 간단하게 말하자면 날개가 있어서 하늘을 지속적으로 날 수 있다는 뜻입니다. 날개가 없다면 점프를 하자마자 곧바로 바닥으로 떨어져 버리고 말겁니다. 점프를 통해 잠깐 도약하는 것과 지속적으로 하늘을 날고 있다는 것은 차원이 다른 이야기입니다. 날개가 없어도 점프는 할 수 있어요. 하지만 날개가 있어야 나는 상태가 지속가능해지고 그로인해 10억 달러의 기업 가치, 100만 명의 사용자를 갖

very hard towards something new, but they're not really flying. They haven't reached that level where they've grown wings. At that stage, you're still a horse, just like any other horse.

I established the Vision Fund because I wanted to support the kind of businesses capable of providing value to millions of users and that are, to some extent, sustainable.

Sustainable in this sense means they have wings, and will be able to continue flying. No wings, and all you can do is jump—then fall. Jumping and "flying" that way is different from being in continuous flight. You can jump even without wings, but you only become sustainable when you grow wings and are able to continue flying, get to the million-user, billion-dollar level. It's only then that you grow wings, and become a unicorn.

The Vision Fund works to discover these unicorns, cultivate them, and provide support so they can grow even bigger and continue their flight.

춘 레벨이 되는 겁니다. 이 레벨까지 올라서야 비로소 날개가 돋아납니다. 진짜 유니콘이 되는 것이죠.

비전펀드는 그런 유니콘만 찾아서 성장시키고 더욱 높이 날 수 있도록 지원하고 있습니다. 이런 쪽으로 유니콘에게만 특화된 투자 그룹은 지금까지 없었습니다. 새로운 유니콘, 차세대 유니콘을 찾아서 키우는 벤처 캐피털은 전 세계적으로 5천 개 사 정도밖에 없어요. 이들은 유니콘 미만의 레벨에도 많은 투자를 하고 있습니다. 하지만 (비전펀드와 같이) 이미 유니콘 레벨에 올라서 있는 기업을 더욱 크게 키우려면 일단 필요한 자금의 규모부터가 달라집니다.

__ 단위가 다르다는 것이군요.

규모에 따라 투자의 단위가 달라집니다. 말에게 주는 볏짚과 당근은 1,000만 달러면 됩니다. 1,000만 달러 혹은 2,000만 달러면 충분하죠. 그런데 그 대상이 일반 말이 아닌 하늘을 나는 유니콘이라면 이야기

Until now, there had never been an investment group that focuses solely on these kinds of unicorn companies. There are about 5,000 venture capital firms that look for and cultivate what they think will be the next big unicorn company, but these firms are investing in companies that haven't reached unicorn level yet.

It's different when you're trying to cultivate companies that have already gotten to unicorn level [like in the Vision Fund]—different even from the amount of capital needed.

__It's different by orders of magnitude.

Yes, [it's different by orders of magnitude] from the start-up investment you'd make in a horse. The hay and carrots you give a horse are around 10 million dollars. 10 million, 20 million is enough. But unicorns,

가 달라집니다. 볏짚과 당근이 아닌 무지개를 먹기 때문이죠. 유니콘의 날개는 무지개를 향해서 날아갑니다. 이 무지개 비용이라는 것이 한 마리당 10억 달러 정도가 듭니다. 100마리의 유니콘이 있다면 1,000억 달러라는 거대 자금이 필요하다는 것이죠.

비전펀드를 조성할 때 저는 처음부터 펀드 규모가 1,000억 달러는 되어야 한다고 생각했습니다. 처음부터 그렇게 생각했고 그래야 한다고 말했죠. 그랬더니 당시 라지브 미스라Rajeev Misra(소프트뱅크 비전펀드 CEO, 당시는 소프트뱅크 그룹의 Head of Strategic Finance)를 포함해 많은 사람이 모두 깜짝 놀라며 저에게 제정신이냐고 묻기도 했어요.

flying through the sky… they eat rainbows. They don't eat carrots-they eat rainbows. They're flying, looking for these rainbows. The cost of these rainbows is about a billion dollars per head. So if you have 100 unicorns, you need 100 billion dollars in capital.

So when I was creating the Vision Fund, I knew from the beginning that it would have to have a scale of 100billion dollars. I knew that from the very beginning, but when I proposed it, Rajeev (Rajeev Misra, CEO of the SoftBank Vision Fund; at the time, he was Head of Strategic Finance at the SoftBank Group) and the others thought I was absolutely insane.

__라지브 미스라도 제정신이냐고 했다고요? 그분도요?

__Even Rajeev thought you were insane

네, 처음에는요. 라지브 미스라는 20억~300억 달러 정도면 괜찮지 않겠냐고 했어요. 사실 그것도 정말 대단한 액수니까요. 그 당시에 비전펀

At first. Rajeev said in the beginning that maybe 2 billion, 30 billion would be enough, but even that seemed like too much. At the time, there was no fund in the world that

드 같은 펀드는 전무후무했습니다. 제일 큰 규모라고 해도 5억 달러 아니면 10억 달러였으니까요. 당시 아무리 큰 규모라고 해도 10억 달러 정도였고 2년 전까지 실리콘 밸리에서는 그 정도 규모가 상식이었습니다. 그런 시대였는데 갑자기 1,000억 달러 규모의 비전펀드가 나왔으니 어땠겠습니까? 서둘러 대규모 펀드를 조성하려는 곳도 있었지만 아무리 모방하려고 해도, 갑자기 그렇게 큰 규모의 자금을 어떻게 모으겠어요? 절대 쉽지 않은 일이죠.

그들에게는 30년, 40년이라는 오래된 역사가 있어요. 그런 역사를 자랑하는 실리콘 밸리의 톱 (벤처 캐피털) 일지라도 갑자기 그렇게 엄청난 규모의 자금을 모으는 것은 역부족이었습니다. 무엇보다 애초에 그런 자금을 모으려는 발상 자체가 없었어요. '유니콘만을 추구한다'는 발상을 하지 않았기 때문입니다.

___ 타깃을 좁히는 것이군요.

원하는 타깃과 추구하는 타깃은

was close to that level. The largest one was maybe 500 million, 1 billion dollars. It was common knowledge in Silicon Valley, until about two years ago, that funds would be about a billion dollars at the largest. And so when we came out with our 100 billion dollar Vision Fund, there were many others who tried to copy us, rushing to come out with larger funds. But it's impossible to come up with that amount of money all of a sudden.

These funds have 30, 40 years of history. But the top [venture capital firms], even with all that history, would have difficulty coming up with that amount of money, and of course it never even occurred to them to do so in the first place. It's because they never thought of focusing only on the unicorns.

___ *So it's about limiting your targets.*

The targets that we want, that we pursue, are different. Just like how

다릅니다. 낚시를 예로 들면 도미나 꼬치용 물고기를 잡으러 갈 것인가 고래를 잡으러 갈 것인가에 따라서 이미 준비 자세부터가 다르지 않겠습니까? 준비 자금도 다를 것이고요. 목표로 삼는 타깃이 다르고 이루고자 하는 결과도 다릅니다. '일을 이루고자 한다'에서 '일' 자체가 달라지는 것입니다. 의지가 달라지는 것이죠. 저는 이런 유니콘이야말로 기업가 중에서도 진정한 기업가라고 생각합니다. 그 전 단계의 회사들은 유니콘을 목표로 삼습니다.

__수많은 기업가가 유니콘을 목표로 삼고 있다는 것이군요. 그리고 그중에서 아주 소수의 말만이 유니콘이 되어서 진정한 사업가가 된다는 말씀이시고요.

벤처 캐피털은 지금까지 유니콘을 목표로 삼고 있는 회사에 넓고 얕게 투자해 왔습니다. 그러나 제가 지원하고 싶은 곳은 유니콘을 목표로 삼는 회사뿐만이 아니라 이미 어느 정도 그 분야의 경쟁에서 승리를 거뒀고 다른 회사들과 큰 격차를 벌리며

your mindset, your level of preparation is different when you're trying to fish a sea bream or a barracuda as opposed to a whale. The scale of capital is different. There's a difference in the targets we're aiming for, what we're trying to do. The "thing" that we're trying to accomplish, our ambitions, are different. I believe that these unicorns are the true start-up founders, within the larger population of start-up founders. Those who haven't reached that level are [still] aiming to become unicorns.

__*What you're saying is that many start-up founders are horses that are trying to become unicorns. And that among them, only a small handful will turn into horses and accomplish something, become entrepreneurs.*

Until now, venture capital firms tended to take the "broad and shallow route," investing widely in start-ups that were trying to become unicorns. But the start-ups I wanted to support are not the ones that are trying to get there, but who have already gotten

넘버원이 된, 곧 무지개를 먹기 시작할 회사들입니다. 나름의 날개가 돋아나고 있는 곳이죠.

__그렇군요. 이 말은 날 수 있다고 판단하신 거군요.

네. 날 수 있다고, 이미 날고 있다고 생각합니다. 날개가 보인 거예요. 저희는 날개가 보인 회사에만 투자합니다. 날기 시작했고 유니콘이 되었다고 생각하는 회사에만요. 하지만 그 유니콘이 정말로 '일을 이룬다'는 것은 차원이 다른 문제입니다. 굳이 말하자면 성장을 통해 기업 가치가 300억 달러, 1,000억 달러 규모가 되는 것이 바로 '일을 이루는 것'이라고 할 수 있습니다. 이것이 진정한 사업이고 사업가입니다. 아마도 그 기준은 300억 달러가 아닐까 싶습니다. 기업 가치가 300억 달러를 넘어서고 1,000만 명 이상의 사용자를 보유하고 있으며 이미 전 세계에 서비스를 제공하기 시작한 레벨이 되어야 비로소 '일을 이룬다'

there—who have fought their way into being the best in their field, who are ready to leave their competitors in the dust, who are starting to eat that rainbow. Unicorns whose wings are already growing to some degree.

__So you can see that yes, this horse can fly.

They can fly, or they're already flying. I can see their wings. We invest only in companies where we can see their wings—see that they've started flying, becoming a unicorn. Of course, it's [another level entirely] for these unicorns to actually "accomplish something." More specifically, for them to become listed, and for their corporate value to grow to about 30 billion to 100 billion dollars. That's a business in the real sense, and that's what makes you an entrepreneur. And I think the lower limit of that is probably around 30 billion. Once you get past the stage where you have 30 billion dollars in corporate value and over a million users, and begin providing your services worldwide,

라는 의미에서의 비즈니스 레벨이 되는 겁니다. 이 레벨에 도달하기까지 기업가는 아직 창업자이며, 창업자인 채로 그 규모까지 회사를 끌고 나가는 것이 바로 사업가입니다.

즉 기업 가치가 300억 달라이며, 1,000만 명 이상의 사용자에게 가치를 제공하고 또한 그것을 지속할 수 있는 것. 이것이 사업가 레벨이고 이런 사업가는 대부분 창업자인 경우가 많습니다.

사업을 2대, 3대, 4대, 5대 이렇게 대대로 물려받아 어느 정도 지속하며 꾸려나가는 사람들이 있습니다.

you get to the level of business where you're really accomplishing something. Start-up founders who get to that scale while still remaining founders—they are the entrepreneurs.

In other words, you have to have a corporate value of 30 billion dollars, and be providing value to over 10 million people, and you have to be able to sustain it. That is what it takes to be an entrepreneur. In many cases, these entrepreneurs are the founders of their companies.

Then, when the business is passed down to the second generation, the

이런 사람들이 바로 경영자입니다. 이들은 전문 경영자로서 균형 감각과 지혜, 지식을 갖추고 있으며 제대로 '일을 다스리고' 있습니다. 이런 경영자들에게는 광기가 필요하지 않습니다. 오히려 균형 감각 그리고 지혜와 지식이 필요하죠. 지혜와 지식, 균형 등 복잡한 계기비행計器飛行을 수행할 수 있는 능력은 필요하지만 광기는 크게 필요하지 않습니다. 하지만 유니콘 레벨의 기업가라면 어느 정도의 광기는 가지고 있어야 합니다. 드라이빙 엔진, 바로 창의성 말입니다. 이런 것이 없다면 돌파해야 하는 순간이 찾아왔을 때 어려움을 겪게 됩니다.

이런 의미에서 스티브 잡스는 꽤 훌륭한 인물이라고 생각합니다. 그는 자신의 광기 때문에 자신이 만든 회사에서 퇴출당하기도 했지만 수많은 시련에 부딪히며 싸웠고 결국 다시 회사로 돌아가 망하기 일보 직전의 애플을 세계 제일의 회사로 키워냈으니까요. 광기 끝에 사업이 레벨이 되어서 돌아온 겁니다. 아무래도 힘든 시련과 역경을 겪었기에 크

third, the fourth, the fifth… there emerge people who enable business continuity and achieve results. These people are the business owners. These are people who are level-headed, who have the know-how and knowledge, and who are able to solve things confidently and thoroughly as professional business owners. "Craziness" is not something that's required of these business owners. What's needed is a level head and of course the know-how and knowledge. They need the kind of complex skills you need to "fly blind" and deal with unforeseen circumstances, but they don't need as much of that craziness. But unicorn start-up founders do need some level of craziness. That driving engine, that creativity. You need that to break through.

I think in that sense, Steve Jobs was incredible. He was chased out because of his "craziness," dealt with a lot of struggle and turmoil because of that, then came back and turned Apple—which was about to go bankrupt—into the world's number one company.

게 비약할 수 있었던 것이 아닐까요? 저는 그렇게 생각합니다.

__ 한 가지 더 묻고 싶은 것이 있습니다. 앞으로 우리가 살아갈 시대가 원하는 리더의 조건은 무엇일까요? 기업가는 역시 리더십을 발휘해야 많은 사람을 이끌어 나갈 수 있고 유니콘이 되어 하늘을 날 수도 있을 겁니다. 창의성만으로는 이룰 수 없는 부분도 있을 테고요. 그렇다면 특히 AI 시대가 원하는 '리더의 조건'에 대해서는 어떻게 생각하시나요?

AI(인공지능)에 의해서 전혀 다른 새로운 경쟁 무대가 생겨나고 있습니다. 산업 혁명 전후에 따라 사업의 성공 요소가 크게 달라졌습니다. 산업 혁명 이전에는 넓은 토지를 소유하고 수많은 노동력을 거느리는 것이 대지주가 되기 위한 기본 자격이었습니다. 토지에는 그만큼의 가치가 있었고 토지를 많이 소유해야 농업 지주가 될 수 있었습니다.

__ 토지를 소유해야 사업을 성공시킬

He had returned as an entrepreneur. And I think, of course, that he'd been able to grow in such a significant way only because he'd experienced such struggle.

__One more thing I want to ask you about is what you need to be a leader in the upcoming age. Even start-up founders have to exhibit leadership to lead large groups of people, and "fly" in the unicorn sense. There's a lot that you can't accomplish through creativity alone as well. So what do you think people need to be a leader in the age of AI?

I think AI is going to create an entirely new world of competition.

The elements that made a business successful were entirely different before and after the Industrial Revolution. Before the Industrial Revolution, the key to becoming a great land-owner was to have a lot of land, and hire a lot of laborers. Each piece of land had its own value, and if you didn't have enough of them, you couldn't be a land-owning farmer.

수 있었군요.

그런데 산업 혁명 이후에는 산업계에 대한 지식과 지혜, 기술에 대한 지식이 바탕이 되지 않는다면 사업가가 될 수 없게 되었어요. 그리고 무엇보다 자본이라는 무기가 중요해졌죠. 바로 돈이 필요해진 것입니다. 그런데 인터넷 시대로 접어들면서 딱히 돈이 없어도 지혜와 지식만 있으면 일을 할 수 있게 됐어요. 인터넷 관련 지식과 인터넷을 활용할 수 있는 지혜만 있으면 GAFA(구글/아마존/페이스북/애플)의 일각에 설 수 있게 되었습니다. 이렇게 새로운 시대가 열린 것이죠.

인터넷 시대란(포괄적으로 말하자면) 정보 혁명에 속하며, 인터넷이 폭발적으로 큰 가치를 창출하는 시대를 말합니다. 하지만 그 이전에 전조 현상으로 PC(컴퓨터) 시대가 있었고 PC 시대 이전에는 대형 컴퓨터 시대가 있었습니다. 하지만 대형 컴퓨터 시대의 영웅이 PC 시대의 영웅은 될 수 없었어요. 또 PC 시대의

__You couldn't be successful in business without owning land.

But after the Industrial Revolution, it was different. You couldn't become an entrepreneur without understanding and knowledge of the industrial sector, and knowledge about new technologies and the know-how to use them. And you also needed another weapon in your arsenal—capital. You needed money. And then in the Internet age, it's become so that you don't even need money— you just need the know-how and knowledge. If you have knowledge of the Internet and the know-how to use the Internet, you could become a part of GAFA[Google/Amazon/Facebvook/Apple]. And so a new age arrived.

The Internet age is [in very broad terms] contained within the Information Revolution. It is an age where the Internet created an explosive amount of value. But preceding this age, like a precursor, was the age of personal computers

영웅은 인터넷 시대의 영웅이 될 수 없었습니다. 이와 마찬가지로 인터넷 시대의 영웅이 AI 시대의 영웅이 될 수 있을까 생각해 보면 이전 시대와 마차가지로 어려울 수 있겠죠. 아마도 또 다른 경쟁의 무대가 도래할 거라고 봅니다.

AI 시대의 영웅이 되기 위해서는 일단 AI의 기술적인 요소에 대한 이해와 지식, 지혜를 갖추고 있어야 합니다. 그리고 AI를 잘 사용할 수 있는 엔지니어를 확보해야 합니다. 무엇보다 AI를 어떻게, 무엇을 위해 활용할 것인지를 정확히 알고 있어야 합니다.

지금까지의 인터넷 시대는 크게 나눠서 두 가지 산업만을 혁신시켜 왔습니다. 하나는 광고 산업입니다. 다양한 웹페이지 덕분에 인터넷의 새로운 매체가 종이 신문이나 잡지, TV, 라디오와 같은 기존의 매체들을 쫓아내 버렸습니다. 또 다른 하나는 소매 산업입니다. 아마존이나 알리바바와 같은 기업이 소매업의 세계를 인터넷으로 바꿔 놓았어요.

(PCs), and before that the age of large-scale computers. The heroes of the large-scale computer age weren't able to become the heroes of the PC age. And the heroes of the PC age weren't able to become the heroes of the Internet age. As to whether the heroes of the Internet age will be able to become the heroes of the AI age… I believe there's a new, completely different world of competition approaching.

In order to be a hero in AI age, you first have to have an understanding of the technological elements of AI, and have the knowledge and know-how about the technology. You also need to secure access to engineers who can make use of AI. You also need to know what you'll use the AI for.

So far, the Inter net age has revo lutionized two broadly defined industries. The first is advertising. Companies created lots and lots of web pages, and the new media of the Internet crushed traditional forms of media like newspapers,

보다 빠르게 정보에 접속하고 클릭 한 번으로 어떤 것이든 구매할 수 있는, 이른바 통신 판매로 전환된 것입니다. e커머스electronic commerce는 전자상거래로 이전에도 종이나 텔레비전을 매체로 통신 판매를 해왔습니다. 이것이 웹페이지로 바뀌면서 비용 효율이 훨씬 좋아졌고 속도도 더 빨라졌어요. 게다가 사람들에게 보다 많은 정보를 제공할 수 있게 되었습니다. 즉 통신 판매에 사용되는 매체가 인터넷으로 전환된 것이 바로 e커머스입니다.

광고와 소매, 이 두 가지가 산업으로서 인터넷으로 전환된 것입니다. 미국 국내총생산(GDP)에서 광고 산업이 차지하는 비중은 1%, 소매 산업은 6%로 총 7%(미국 상무부 경제분석국 등의 자료를 바탕으로 소프트뱅크 그룹이 추정함)입니다. 곧 다가올 AI의 시대는 광고와 통신 판매뿐만 아니라 거의 모든 산업이 새롭게 전환될 것입니다. AI를 활용하여 의료 분야에 필요한 새로운 약을 만들 수도 있고, 호텔, 사무실, 교통 등 우버Uber

magazines, TV, and radio. The other is retail. Companies like Amazon and Alibaba revolutionized the world of retail through the Internet—more specifically through e-commerce, through which customers have instant access to information, and can buy a product with just a single click. Mail-order shopping did exist before the Internet age in the form of electronic communication, and even before then, through mediums like newspapers, or through TV shopping. But doing this via web pages made everything more cost-effective, faster, and allowed companies to provide more information to potential customers. E-commerce, essentially, is when the Internet became the primary medium for mail-order shopping.

Advertising and retail. These two were the only specific industries that were "replaced" by the Internet. To put this into perspective, the advertising industry comprises 1% of the U.S. GDP, and the retail industry 6%—a total of 7% (estimate by the SoftBank Group

나 디디추싱滴滴出行 등의 회사가 이동 수단을 바꿔나갈 수도 있습니다. 그리고 AI를 통해 은행, 증권, 보험 등의 금융 분야를 통째로 전환시키는 핀테크 세계도 생겨나고 있어요. 다시 말해 AI는 GDP의 딱 1%만을 차지했던 광고 분야와 6%를 차지했던 소매업 분야를 훨씬 더 뛰어넘어서 GDP의 나머지 93%를 이루고 있는 모든 분야에 새로운 무기로 활용될 것이며, 향후 산업을 새롭게 발전시켜 나갈 것입니다.

그때는 단순히 인터넷을 사용할 수 있다, 키보드를 사용할 수 있다 하는 평범한 수준을 넘어 각각의 산업에 대해서 잘 알고 또 잘 이해하고 있어야 합니다.

based on documents by the U.S. Bureau of Economic Analysis) In cont r ast, the AI age that is now arriving will disrupt all kinds of industries, not just advertising and retail. Creating new medi cations in the medical world using AI, or using AI in hotels and offices, in transportation. Companies like Uber or Didi, changing the way we get from place to place. And there's also the new and growing world of Fintech, where AI is set to revolutionize the fields of banking, securities, and insurance. What I'm tr ying to say is that AI will disrupt far more than the world of advertising, with its 1% of GDP, or the world of retail, with its 6%. AI will be used as a new and powerful weapon in the remaining 93% of GDP, not just in the U.S., but all over the world. And in the process, it will transform all kinds of industries.

And when this happens, it won't be enough to know how to use the Internet, or know how to type on a keyboard. You have to have an understanding of each industry itself.

__그렇군요. 전환시키는 쪽의 AI만이 아니라 전환되는 쪽의 산업을 이해해야 하는군요.

의료 분야를 예로 들면, 기존의 의료 산업을 깊이 이해하고 필요 부분에 따라 AI로 전환시켜 나가야 합니다. 물론 의료도 교통도 웹페이지가 있다는 것만으로는 완벽한 전환이 불가능합니다. 운전자가 직접 운전을 해야 하니까요. 실제 도로에서는 운전자가 직접 운전을 하고, 신약을 만드는 일 역시 연구자들과 밀접하게 연동되어야 합니다. 호텔도 인터넷 시대에는 웹페이지로 예약을 진행하며 통신 판매를 해왔지만 오요 OYO는 호텔 경영 자체를 바꾸려고 하고 있어요. 호텔 경영 자체에 깊게 관여하는 것이 바로 오요입니다.

이렇게 되면 AI 기술에 대한 지식뿐만 아니라 각 산업에 대해서 깊이 알고 이해할 필요가 있습니다. AI와 함께 실제 직원들을 관리 management할 수 있는 능력이 필요하죠. 보다 수직적으로 깊게 파고 들어간 사업 모델로, 실제 일하고 있

__I see. You not only have to understand the AI that's doing the transforming, but the industry that's being transformed by it.

For instance, in the medical field, you have to have a deep understanding of the medical industry before you're able to transform it with AI. In the medical field, in transportation, it's not as simple as setting up a website. You have to have drivers who work for you. Real, live drivers driving on real roads. And to create medication, you have to coordinate very closely with the labs that are conducting the experiments. All hotels had to do in the Internet age was incorporate e-commerce— accepting reservations via web pages— but nowadays, OYO is trying to change how hotels are managed entirely. OYO in that sense is very deeply involved in the management of hotels themselves.

In this kind of world, you not only need the knowledge on AI-related technologies, you also need a deep understanding of each specific industry. You need the ability to manage mixed groups of employees,

는 직원까지 잘 관리해야 합니다. 따라서 새롭게 더해진 기술 노하우로는 운영 능력과 매니지먼트 능력이 요구됩니다. 키보드만 만지는 문과나 이과 직원만이 아니라 체육 계열의 직원까지 관리할 수 있는 능력을 갖추어야 합니다.

AI 시대라고 하면 왠지 지식, 지혜만을 떠올리기 쉬운데 꼭 그렇지만은 않습니다. AI를 도구로 사용해서 각 산업에 깊게 관여하는 매니지먼트 능력을 갖추어야 경쟁에서 이길 수 있습니다. 전문성이 요구되는 것이죠. AI를 이용해서 '하나의 산업'을 특화하고 그 분야의 전문가 expert가 되어야 합니다. 가령 암을 조기 발견하기 위해 AI를 활용한 혈액과 DNA를 분석하는 사업을 하고 있다고 가정해 봅시다. 그러기 위해서는 암에 대해 깊이 연구하고 병원과 의사, 환자를 직접 관리하면서 판매해 나갈 수 있는 능력이 필요합니다. 이는 종래에 인터넷 비즈니스를 해왔던 사람은 할 수 없는 일이죠.

따라서 다시 한번 새로운 시대의

have to be able to manage these employees within a more vertical business model. So what you need are operational skills and management skills, in addition to the know-how with regards to these new technologies. You have to have the ability to manage wider groups of people—not just the humanities-based or science-based employees on their computers all day, but also the more physical, externally-oriented employees.

You might think in the AI age that everything will come down to knowledge, but that's not true. In order to be competitive, you have to have the management skills in your specific industry, and be able to use AI as a tool in that industry. It'll require more specialization. You can't just be an expert on applying AI to everything—you have to be an expert on applying AI in a way that's suited for one specific industry. If you're trying to use AI to analyze blood and DNA for the early detection of cancer, you

새로운 카테고리에 적합한 영웅이 나타날 것입니다. 보통 사람들은 AI 시대의 AI 회사AI company라고 하면 AI 기술을 개발하는 회사라고 오해를 하곤 합니다. 장기[1]에서 이겼다더라, 체스에서 이겼다더라, 바둑[2]에서 이겼다더라 등 뉴스에서 들었던 곳들만 AI 회사라고 생각하기 쉽죠. 하지만 그런 사례는 AI를 도구로 사용한 경우로, 음성 인식이나 동영상 인식과 마찬가지로 도구를 판매하는 곳일 뿐입니다. 도구를 판매하는 가게(회사)가 할 수 있는 역할은 아주 작습니다.

초기 인터넷 시대에는 인터넷 도구를 판매하는 사람들이 각광을 받았습니다. 이는 석유 시대가 도래했을 때를 생각해 보면 쉽게 이해할 수 있습니다. 석유를 시추하는 드릴과 같은 도구를 판매하던 곳이 호황을 누렸으니까요. 하지만 나중에는 그런 도구를 판매하던 상인이 아니라 드릴을 사용해서 직접 석유를 찾아낸 사람이 석유 시대의 왕이 되었습니다. 인터넷 시대도 마찬가지였습니다. 인터넷을 도구로 활용하여

have to have done a lot of research in oncology, and you have to have the skills to be able to manage hospitals, doctors, and patients directly, and sell this service to them. This is something that can't just be handled by an IT company.

And so in this new age, there will once again emerge heroes in each category. When you talk about an AI company in the AI age, people immediatel y think you're talking about a company that develops AI technologies. They tend to think that AI companies are the companies that they hear about on the news—like so-and-so AI beat a professional at shogi[1], chess, or go[2]. But this is just using AI as a tool. It's the same as in audio and image recognition—you're just selling a tool. And there's only so much you can do as a tool store.

At the start of the Internet age as well, the companies that were glorified were those that sold the Internet as a tool. The same thing happened when the age of oil arrived—the first to be glorified were the "tool stores" that

지속적인 서비스를 제공한 회사가 결국에는 승자, 즉 왕이 되었어요. 아마존이나 알리바바는 도구를 발명하지 않았습니다. 도구를 최대한 잘 사용하여 서비스 산업의 지속적인 욕구needs에 부응했고, 그 결과 크게 성장할 수 있었습니다.

이와 마찬가지로 AI를 도구로 사용한다면 수요는 많습니다. 그중에서 지속적으로 잠재 수요가 100조, 1000조에 달하는 산업을 AI로 변혁하는 회사가 향후 크게 성장할 것이고, 종국엔 시대의 영웅이 될 거라고 봅니다. 따라서 가령 버추얼 리얼리티 기술이 뛰어난 회사들이 처음에는 엄청 잘 됐던 겁니다.

__ 하지만 계속 날지는 못하겠군요.

sold the drills needed to drill the oil. But in the end, the kings of the age of oil were those that used the drills and managed to acquire the oil. And in the Internet age, the companies that ended up winning, becoming kings, were those that used the Internet as a tool to provide perpetual services. Amazon and Alibaba didn't invent the Internet itself. The companies that were able to make the best use of this tool, use it in the best possible way, and who were able to answer to the perpetual needs of the service industry, were those that grew explosively in scale.

If we're able to use AI as a tool in the same way, there will be lots of demand for it. And the companies that are able to revolutionize industries with 10 trillion, 100 trillion yen in market potential are the ones that will grow in the future, become heroes. That's why companies known for their amazing virtual reality technologies will be hyped up at first…

__ But they won't be able to continue flying.

네, 맞습니다.

__지속가능하지가 않으니까 그렇겠지요?

그렇죠. 도구를 판매하는 곳이니까요. 조금 색다른 도구를 판매하는데 그 도구가 버추얼 리얼리티인 것입니다. 따라서 그 도구로 무엇을 어떻게 좋게 할 수 있는지, 즉 암을 치료할 수 있는지, 물건을 싸게 살 수 있도록 하는지 아니면 대부금이 늘어나게 할 수 있을지 등을 생각해야 합니다.

그런데 버추얼 리얼리티 자체로는 물건을 싸게 살 수 있도록 하거나, 병을 낫게 하는 등 사람들이 원하는 필요와 연결시킬 수가 없어요. 만일 버추얼 리얼리티를 이용해서 어떤 서비스를 만들어나갈 것인가, 어떤 큰 시장을 조성해 나갈 것인가 생각하며 그것들이 가능하게 만들어 나간다면 그 회사는 분명 크게 성장할 것입니다. 하지만 기술 개발이나 도구 개발만으로는 그저 도구를 판매하는 가게 수준에 머무를 수밖에 없어요.

Yes, exactly.

__They're not sustainable.

They're tool stores. Maybe they're an exciting new tool store, with all this virtual reality technology, but what good are they doing for the world? Will it help treat cancer? Will it make it so we can buy goods for cheaper? Will it boost loans?

It's hard, with virtual reality, to tie it into making things cheaper, or creating better treatments for diseases. The question is how you'll use virtual reality—what kind of services you'll use it for, what major market you want to go into. Do that and that'd be an incredible company, but if all you're doing is coming up with the technology, coming up with the tools, all you really are is a tool store.

When we first established the company, we were selling PC software. The software that sold very well in the beginning were based around programming languages. The companies that were providing

저희는 창업 초기에 PC 소프트를 판매했습니다. 초기에 잘 팔렸던 소프트웨어는 언어였습니다. BASIC이나 Fortran 등의 언어와 개발 도구, 개발 환경을 제공하는 회사들이 인기가 좋았습니다. 하지만 지금은 그런 회사들이 거의 남아있지 않습니다. 그들의 실패는 바로 도구를 판매하는 가게였다는 겁니다. 지속가능한 대형 비즈니스로 발전할 수 없었던 거죠.

programming languages like BASIC or Fortran, or development tools and environments, were very glorified. But nowadays most of these companies don't exist. They were tool stores, in other words. And it's difficult to turn a tool store into a major, sustainable business.

__지속가능하려면 어떤 시장을 선택할 것인지가 매우 중요하게 작용하는군요. 그와 더불어 끈기도 있어야 하고요. 행동에 나섰다면 계속 행동하라. 끈질기게, 끈질기게 포기하지 말고. 예전에 '타올라라, 타올라라, 한껏 타올라라燃えて燃えて燃えまくれ'라고 말씀하셨는데 저는 이 말을 상당히 좋아합니다.

그리고 꽤 인상적이었던 것이 '지금은 AI 시대'라고 자주 언급하시다가 어느 날 주변 사람들에게 "다들 정말 그렇게 생각해?", "진심으로 믿어?"라고 물었다는 일화인데요. 그렇게 끈질

__You're saying the market you choose is very important in running a sustainable business. But wouldn't you say persistence is also a factor? You take action, and continue taking action. You keep driving forward, forward, without giving up. Something you said once that I love is "Burn, burn, burn it all out."

Another thing that was very striking for me was how you kept saying, "We've entered the AI age." At one point, you asked the people around you, "Does everyone actually think that? Do you really,

게 물었더니 "맞아, 나는 아직 확신이 서질 않아"라고 속마음을 털어놓고 반성하는 사람이 있었다는 이야기 말입니다. 저는 바로 이런 데에서 '행동하자', '지속하자', '일단 해보자!'라는 남들과 다른 결정적인 차이가 생긴다고 생각합니다.

좋은 아이디어를 떠올리는 사람은 많습니다. 그런 사람들은 종종 '내가 제일 처음으로 생각해 냈지!'라고 자만하죠(웃음). 자신이 제일 먼저 생각해 냈다고 자만하는 사람은 많습니다. 물론 처음으로 무언가를 생각해 냈다는 것 자체는 힘든 일이고 또 중요한 일이에요. 그게 없었다면 새로운 시대는 오지 않았을 테니까요. 하지만 제일 먼저 '생각만' 해서는 독보적일 수 없습니다. 최초로 텔레비전을 만든 회사가 지금까지 넘버원인가요? 그렇지 않잖아요.

결국 '최초'라는 타이틀은 개인적인 바람을 만족시킨 것에 지나지 않습니다. 그것만으로는 계속해서 경쟁에서 이겨나갈 수가 없습니다. 현실은 온갖 더럽고 힘겨운 문제가 항

truly believe that?" You asked question after question, and some people revealed that they were a bit unsure, still. And they regretted their thought process until then.
I think there's just a very clear difference in these areas—how willing you are to take action, continue taking action, and commit yourself no matter what to a vision.

There are a lot of people who come up with ideas. A lot of these people often brag about it, like, "I thought of it first" [laughs]. There are a lot of people who brag about having thought of an idea first, and of course it's a difficult thing, a very necessary thing, for someone to be the first to come up with an idea. Without it, we wouldn't ever see new eras. But to be the first to think of something… It's not like the company that was the first to make TVs is number one in that area now.

In the end, all you did in these cases was just rush in and fulfill your own wishes. You weren't able to continue winning. The reality is that you're

상 들이닥칩니다. 현실은 생각만큼 그리 녹록하지 않잖아요. 해가 쨍쨍한 맑은 날만 있지는 않을 겁니다. 비가 내리는 날도 있고 흐린 날도 있고 광풍이 불어 닥치는 날도 있습니다.

그래도 포기하지 않고 주저앉지 않고 모든 시련과 역경, 모진 비바람을 이겨내야 하죠. 이런 것들을 이겨내는 회사는 뭐가 다를까요? 무엇이 있었기에 그 모진 비바람 속에서도 어떤 핑계도 대지 않고 포기하지 않고 담대하게 견디고 이겨내며 계속 하늘을 날 수 있는 걸까요? 어떻게 쉬지 않고 지속할 수 있는 걸까요? 그러기 위해 무엇이 필요할까요? 그건 바로 열정입니다. 주변에서 미쳤다고 할 만큼 강한 열정. 즉 마음을 담는 것emotional investment이죠.

always going to have to deal with all kinds of crude, horrible issues. Reality is not that easy. It's not always sunny. There are rainy days, cloudy days, stormy days.

What you have to do is not give up, not lose hope, and overcome all kinds of difficulties, all kinds of storms. And that difference… It's whether or not you're able to keep going even in a storm, without making excuses for yourself—whether you're able to grit your teeth through the tough issues, and keep flying. Whether you're able to keep going without rest. What do you need to be able to do that? I think, of course, that the answer is just passion—crazy, powerful passion. Emotional investment.

__미칠 정도로 강렬한 열정, 마음을 담는 것.

__Crazy passion, emotional investment.

모진 비바람에도 굴하거나 쉬지 않고, 목숨을 잃을지도 모르는 위험을 무릅쓰려면 미치지 않고서야 불가능하지 않겠습니까.

You have to be crazy to keep going in a storm, without resting, maybe even risking your life.

__예전에 더 미치라고 말씀하셨던 적이 있지요.

네, 더 미치라고 말했습니다.

__아직 부족하다고.

네, 맞습니다. 사실 일반적으로 강한 비바람이 불 때 하늘을 나는 것은 위험한 일입니다. 쉬어야죠. 거센 비바람이 마구 몰아치는데 목숨을 내놓으면서까지 '고기를 잡으러 가자', '하늘을 날아보자'라고 하는 건 상식적으로 말이 안 되는 일이잖아요. 결국 대부분의 사람은 안전 대책을 세우고 쉴 겁니다. 하지만 그때가 바로….

__매우 위험한 상황으로 방향이나 속도를 잃고 말겠죠.

아니요, 바로 기회입니다.

__오히려 반대로 그때가 기회라는 말인가요?

__You said before that people need to be crazier.

Yes, you have to be crazier.

__People aren't crazy enough.

Exactly. Normally, people would think you're not supposed to fly during a storm, that you have to rest. If you said you were going out to fish or fly during a storm, that'd sound crazy. So what everyone does is they take the safe route, and they rest. Even though that's act ual l y the greatest…

__Danger, yes. They lose moment um.

No, it's an opportunity.

__Oh, on the flip side.

Let's say there's a herd of 100 horses, and only one of them is trying to

왜냐하면 가령 말 백 마리 정도가 한번에 경쟁을 하려고 내달리는데 유독 한 마리만 하늘을 날겠다는 생각을 하고 있다고 생각해 보세요. 그래서 다른 말이 모두 쉬고 있을 때 미친 듯이 혼자 달리는 겁니다. 진짜 미친 듯이 계속 달리는 것이죠. 그렇게 달리다 보면 도중에 날개가 돋아날 겁니다.

__ 역시 광기의 정도가 부족한 것으로군요.

네, 네. 바로 그겁니다. 자나 깨나 무슨 일이 있어도 온통 집중하고 생각해야 합니다. 그것만 마음에 품고 오직 그 생각만 하면서 잠들 정도의 강렬한 열정이 없다면 다른 사람을 뛰어넘는 일은 불가능합니다.

즉 남들이 미쳤다고 할 정도로 푹 빠져 있어야 '일을 이룰 수' 있어요. 세상은 그렇게 호락호락하지 않으니까요. 그만큼 어려운 일입니다. 날개를 펴고 하늘을 난다는 것은 그만큼 어렵습니다. 무슨 일이 닥치든 거센 비바람도 감내하고 이겨내며 '저 절

fly. What that one horse needs to do is to gallop like crazy while the other horses lie down to rest. Just keep galloping like crazy, and you'll grow wings along the way.

__I guess it does come down to people not being crazy enough.

Yes, yes, exactly. You have to always be thinking about it, and thinking hard about it, whether asleep or awake. You have to be so passionate about it you're pretty much going to sleep cradling these thoughts, or it's going to be difficult for you to get too far ahead of everyone else.

What I'm saying is that life isn't easy, and it's not going to let you accomplish anything without you working crazy hard to achieve it. It's that difficult. It's just that difficult to grow wings and fly. You have to want to run, run, run like crazy through

벽을 넘고 싶다', '저 절벽을 넘어 그 너머의 다른 절벽으로 도약하고 싶다'라고 생각하며 열심히 달리고 달려서 결국 하늘을 나는 겁니다. 하지만 안타깝게도 대부분이 그대로 절벽 아래로 떨어지고 말아요. 몇 번이고 날아보지만 절벽 아래로 떨어지고 또 떨어지고, 그럴 때마다 포기하지 않고 다시 제자리로 돌아와서 다시 힘껏 달리며 날아보는 겁니다. '절벽 너머의 꼭대기로 날아가자', '반드시 날아가자'라며 온 힘을 다해서 달리는 것을 쉬지 않고 계속하는 거예요. 그러다 보면 어느샌가 날개가 돋아날 겁니다. 이런 마음가짐과 간절한 바람, 미쳤다는 소리를 들을 만큼의 노력이 없다면 날개는 쉽게 돋아나지 않습니다.

storms or whatever else stands in your way, and jump over that cliff. You have to jump over that cliff, make a mad dash for the next cliff, muster up all of your energy to make that jump, leap into the air, fall, then try and try again, falling to the ground again and again⋯ Every time going back to the same spot, sprinting again, just wanting to fly to the top of that cliff on the other side. And as you do this, again and again running as hard and fast as you can, you eventually start to grow wings. Without that emotional investment, that aspiration, that crazed effort, you won't get anywhere close to growing wings.

__미쳤다는 소리를 들을 만큼의 열정은 광기를 지닌 기업가가 하늘을 나는 날개를 얻고 사업가로 더욱 성장하기 위해서 반드시 필요한 것이군요. "더 미쳐라, 진심으로 미쳐라." 기업가와 기업가를 꿈꾸는 사람들에게 보내는 메시지, 잘 들었습니다.

__Crazed passion is what's needed for start-up founders, who are already crazy on some level, to get wings and grow even further as entrepreneurs. They need to be more crazy, be more serious about being crazy. Thank you for this message for start-up founders, and all those aspiring to be start-up founders.

1 장기: 체스와 비슷한 전통 보드게임. 일본에서는 프로 기사가 컴퓨터 소프트웨어와 대결하는 '덴오센電王戰'이 2012~2017년에 개최되었으며 수많은 프로 기사가 패하는 등 큰 주목을 끌었다.

2 바둑: 동아시아 지역에 널리 알려진 보드게임. 두 명의 기사가 오목판을 사이에 두고 대결을 펼치는 방식이 장기와 비슷하지만 보다 복잡한 지적 게임으로 컴퓨터가 사람을 이기는 것은 어렵다고 생각되어 왔다. 그러나 미국 구글의 인공지능 '알파고'가 2017년 중국인 프로 기사를 이겨 큰 화제가 되었다.

1 Shogi: A traditional board game similar to chess. There was an event called the "Den-osen" held in Japan from 2012-2017, wherein professional shogi players played against a computer software. Many of the professional shogi players lost to the software, and it was covered widely in the media.

2 Go: A board game common in East Asia. Similar to shogi, in that the two go players sit facing each other across a grid-based board. It is, however, known as a more complicated and intellectual game, and it was thought to be difficult to come up with a go computer software that could beat a human being. In 2017, however, U.S.-based Google's AlphaGo beat a Chinese go player considered to be the best in the world, with the feat reported widely in the media.

목차

| 시작하며: 일을 이루는 것　　　　　　　　　　4

제1장: 최고의 인생

| 사람들의 웃는 얼굴이 나를 만족시킨다　　　44
| 아직 사업가로서 성취한 것은 없지만 의지는 있다　　49
| 간난신고여, 고맙다!　　　　　　　　　　54

제2장: 천재가 되어라

| 손정의는 죽어도 정의는 죽지 않는다　　　62
| 뇌는 근육과 같다　　　　　　　　　　67
| 다른 사람을 모방하지 마라　　　　　　74
| 료마처럼　　　　　　　　　　　　　78
| 설레는 일을 한다　　　　　　　　　　84
| 발명을 위한 발명을 하다　　　　　　　90
| 100만 달러의 계약　　　　　　　　　96

제3장: 자신을 단련한다

일단 1등이 아니면 싫습니다	106
믿어준 사람들을 배신하고 싶지 않습니다	112
똑똑하기만 해서는 안 됩니다	121
승률이 70%일 때는 돌입하라	127
더 이상의 답이 없다는 생각이 들어도 더 깊이 생각한다	134

제4장: 전략과 준비

경영 관리는 댐을 만드는 일이다	142
인생은 슈퍼마리오 게임과 같다	149
때로는 분노가 혁명을 가져온다	156
직원은 1, 경영자는 300	161
준비의 준비를 거듭하다	167
리스크와 위험의 한 끗 차이	172
일류공수군	177

제5장: 언행일치

약속은 반드시 지키겠습니다	186
머리카락이 후퇴하는 것이 아니다 내가 전진하고 있는 것이다	192
실리콘 밸리가 되고 싶다	198
재능을 꽃피울 수 있는 환경	204

제6장: 기술진화론

조목을 읽어라	212
새로운 '잭 마(마윈)'를 찾아라	216
눈으로 진화를 시작하다	220
싱귤래리티를 기대하다	224

제7장: AI와 함께 살아갈 여러분에게

젊은 제다이 기사처럼	230
AI가 세상을 바꿀 것이다	235
오차, 시차	240
허풍쟁이 정신	244
반성하지만 위축되지는 않는다	250
열광하라!	256
마치며	262
연혁	268

제1장
최고의 인생

Living the Best Life

사람들의 웃는 얼굴이
나를 만족시킨다
Seeing People Smile Makes Me Happiest

2019년 4월 25일, 입사를 희망하는 사람들을 대상으로 '소프트뱅크 커리어 LIVE' 강연회가 열렸다. 61세의 손정의는 단상에 올라 새로운 시작을 앞둔 젊은이들에게 이렇게 말했다. "단 한 번뿐인 인생, 여러분은 돈을 위해서 살 겁니까? 저는 아닙니다."

그가 이렇게 말한 이유는 그의 나이 25세에 겪은 한 사건 때문이었다. 일본 소프트뱅크(현 소프트뱅크 그룹)를 설립하고 3년째 되던 해에 그는 간염으로 병원에 입원했다. 그리고

It was April 25, 2019, and an audience of prospective employees had gathered to watch Son speak at "SoftBank Career Live." Son, 61 years old, stood on stage and spoke to this audience of young people that would take on the 21st century. "I would not want to live my one and only life for money."

Son's reasoning for this is based in an experience he had when he was 25 years old. It was his second year since starting SOFTBANK Corp. Japan (current SoftBank Group Corp.), and he was hospitalized for hepatitis. The

의사에게 살 날이 5년밖에 남지 않았다는 청천벽력과도 같은 선고를 듣게 되었다. 창업한 지 얼마 되지도 않았고, 게다가 이제 막 둘째 아이가 태어난 때였다.

그가 할 수 있는 일이라고는 우는 것뿐이었다. 혼자 병원에 누워 하염없이 눈물을 흘리며 지금까지 무엇을 위해서 일해 온 것인가 생각했다고 한다. 무엇을 위해서 아픈 몸을 이끌고 병원 문을 박차고 나가, 그것도 의사에게 혼이 나면서까지 경영회의에 참석한 것인가? 자신에게 물었다. 돈을 위해서였나? 아니다. 죽음 앞에서 돈은 아무짝에도 쓸모없었다. 명예를 위해서였나? 아니다. 명예도 아무 소용없었다.

결국 그가 찾은 대답은 '아이들의 웃는 얼굴이 보고 싶다'였다. 마음속 깊은 곳에 묻혀 있었던 감정이 복받쳐 올라와 움직이기 시작했다. 딸의 웃는 얼굴이 보고 싶었다. 그래서 살아야겠다고 생각했다. 가족의 웃는 얼굴이 보고 싶었다. 매일 출근해서 직원들의 웃는 얼굴이 보고 싶었다. 그리고 고객들의 웃는 얼

doctor told him he had only five years to live. This was right after starting SoftBank, and right after his second child had been born.

All he could do was cry. Alone, in the hospital, he cried, asking himself, What am I working for? Why am I sneaking out of the hospital to go to these management meetings, and even getting yelled at by my doctor? For money? But when you die, you have no need for money. Fame? Glory? But no, he didn't want that either.

His answer, when it came down to it, was "I want to make people smile. I want to see smiles on children's faces." His feelings, which before had been hidden deep in his soul, surged forward. I want to see my daughters' smile. That's why I want to live. I want to see my family's smiles. I want to go to work every day and see my employees' smiles. The customers' smiles. But no, not just the customers.

"If someone is using a SoftBank Group service on the other side of the world, it doesn't matter if they know the name of our company or if they

굴. 아니 고객만이 아니다. '이름도 모르는 지구 반대편에 사는 누군가가 우리가 제공한 서비스를 사용할 때 기분 좋게 방긋 웃으면서(우리 회사가 한 일에 대해서) "고맙네"라는 말 한마디 해주며 웃는 것. 그 웃는 얼굴을 마음속으로 그려보았다. 그리고 '이런 상상만으로도 설령 앞으로 살 날이 얼마 남지 않았다고 하더라도 지금까지 살아온 것이 보람되게 느껴졌다'라고 말했다. 다행히 그는 완치되었으며, 의사가 말한 5년 보다 더 많은 날을 살아가고 있다. 하지만 그때 느꼈던 감정은 지금도 고스란히 마음속 깊이 남아 있다.

그로부터 28년 후인 2011년 3월 11일, 동일본대지진東日本大地震이 발생했다. 연일 TV에서는 거대한 쓰나미가 집어삼킨 참혹한 마을의 모습이 방영되었고 사람들의 피해는 심각했다. 이튿날인 12일 오후에는 후쿠시마 제1 원자력 발전소 1호기가 수소 폭발을 일으켰다. 같은 달 22일 손정의는 방사선 측정기(가이거 카운터)를 차고 직접 후쿠시마로 들어가

know that it was us that made it. I just want there to be people in the world who will smile and say 'thank you' just under their breath, to themselves (about something we've done as a company), even if they don't know who to thank," says Son today.

Luckily, Son made a complete recovery from his illness, and got his life back. But he still carries his feelings from that time in the very bottom of his heart.

28 years later, on March 11, 2011 — the Great East Japan Earthquake hit. Every day on the news, there was endless footage of towns being washed away in the tsunami. It exhausted everyone— physically, emotionally. It was in the afternoon on March 12, the next day, that there was a hydrogen explosion at the Unit 1 Reactor of the Fukushima Daiichi Nuclear Power Plant. On the 22nd of the same month, Son went into Fukushima, armed with a Geiger counter, and visited an evacuation shelter. There, he was hit again and again with the same

피난 대피소를 방문했다. 그리고 절절하게 깨달았다.

15,000명이 넘는 사상자를 낸 자연재해 앞에서 인간은 너무나도 무력하다는 것. 그는 자신이 온몸을 바쳐 일군 정보 혁명으로 사람들을 구할 수 있었는가? 자문했다. 구할 수 없었다면 무엇을 위한 정보 혁명인가? 그는 고뇌에 빠졌다. 밤을 지새운 날도 있었다. 회의 도중에 다른 사람의 시선 따위는 안중에도 없다는 듯이 오열하기도 했다. 수많은 일본인의 인생관을 바꿔 놓은 그 시기가 그에게도 힘든 나날의 연속이었다.

이때 그가 찾은 답은 '그래도 정보 혁명을 추진해야 한다'였다. 왜일까? "그건 저에게 있어 자기만족과 같습니다. 그리고 제가 느끼는 최대의 만족감은 사람들의 웃는 얼굴을 보는 것입니다." 그 시기를 기점으로 그의 생각은 점점 더 확고해졌다.

realization.

In the face of a natural disaster that killed more than 15,000 people, human beings were powerless. Son asked himself whether the Inform ation Revolution, which he had dedicated his life to, could have saved people in that disaster. If it couldn't have saved them, then what was the point of the Information Revolution? Son struggled with his thoughts, and there were nights he could not sleep. There were times also where he burst into sobs in the middle of meetings, without a care for what others would think. That period, when so many people all over Japan were struggling with their perspectives on life, was a hard time for Son as well.

Eventually, however, he came to a conclusion. "Even then, we'll mov e forward with the Information Revolution." How had he gotten there? "For me, it's just to make myself happy. And seeing people smile makes me happiest." His feelings on this have grown stronger by the day.

- 2011년 3월 후쿠시마 피난 대피소에서.

아직 사업가로서 성취한 것은 없지만 의지는 있다
I Haven't Achieved Anything as an Entrepreneur, But I Do Have the Ambition

"아직 사업가로서 성취한 것은 없지만 의지는 있습니다." 2018년 8월 11일, 자신의 61번째 생일을 맞이하며 일본을 대표하는 사업가가 내놓은 뜻밖의 메시지였다. "지금까지 정재계의 거물들은 거의 다 만나봤습니다." 그가 말하는 거물이란 전 세계에서 활약하고 있는 유명 인사들이었다. "그렇지만 제가 가장 존경하는 분은 바로 저희 아버지입니다." 그가 아버지를 존경하는 데는 명확한 이유가 있었다. "집중력과 경쟁심입니다. 누구에게도 지지 않겠다는 승부욕 말입니다."

"I haven't achieved anything yet as an entrepreneur. But I do have the ambition." August 11, 2018. This was what Masayoshi Son said on his 61st birthday. Unlikely words from one of the most well-known entrepreneur in Japan. "I've met with major players in finance and politics." By major player, he means major players from all over the world. "But I admire my father the most of all. Even now, the person I admire the most is my father." There was a clear reason for this. "His concentration and his competitive spirit are unmatched."

그의 아버지 손삼헌孫三憲은 1936년, 재일교포 2세로 태어났다. 가정 형편이 어려웠던 손삼헌은 중학교를 졸업하자마자 생계를 책임지는 가장으로 생업에 뛰어들어야 했다. 양돈업을 하던 어머니를 도왔고, 이후에는 독립하여 소주 행상을 시작으로 사업에 성공했다. 손정의와 그의 형제들은 아버지를 '가난한 집안의 재일교포 출신이었지만 이에 아랑곳하지 않고 쾌활하고 박력 넘치는 사람으로 인생을 즐길 줄 아는 성격의 소유자'라고 말한다.

손삼헌은 부모님께 멋진 집을 선물할 정도로 효자이기도 했다. 나중에는 파친코 가게를 20곳 정도 운영할 만큼 큰 성공을 거두었고, 독자적인 발상으로 사업 분야를 확장해 나가기도 했다. 그야말로 원조 '기업가 entrepreneur'이자 글자 그대로 '맨손'으로 사업을 일으켜 네 명의 아들을 훌륭하게 키워낸 인물이라고 할 수 있다. 사남 중 차남이 손정의, 막내가 손태장孫泰蔵이다. 손태장은 현재 스타트업에 투자하는 회사를 설립하여 활약하고 있다. 장남과 삼남 역시

His father, Mitsunori Son, was born in 1936 as a zainichi kankokujin, or permanent Korean ethnic resident of Japan. To help his family, who didn't have much money, he started earning money as the breadwinner immediately after graduating middle school. He helped his mother, who ran a pig farm, then found success after leaving the home by peddling shochu (Japanese liquor) and other ventures. He was a powerful and energetic man, with a personality keen on enjoying life to the fullest, and that wasn't hampered at all by his less fortunate upbringing—his sons would say about him later.

He was devoted enough to his parents to build a splendid house at the age of 19. Eventually, Mistunori Son got to the point where he ran 20 pachinko parlors. Even after that, he came up with and developed a wide variety of businesses, becoming a pioneering entrepreneur. He had started from nothing, and managed to raise four sons. His second son was Masayoshi, and his fourth was Taizo Son, who

경영인으로 지내고 있다.

손정의는 자신을 '1.5대'라고 말한다. 이는 아버지의 사업을 그대로 물려받는 2대가 아니라 아버지께 다른 많은 것을 물려받았다는 존경을 담은 표현이다. 손삼헌이 자식들을 칭찬할 때는 거짓 없이 진심을 담아 말했다고 한다. 또한 자녀들의 의욕을 크게 성장시키고 높이 이끌었다. 중요한 순간에 "우리 천재 정의!", "우리 천재 태장이!"라고 말하며 격려를 아끼지 않았다고 한다. 자녀들에게 항상 진지한 모습을 보여주었고 마음속 깊이 진심으로 자식들을 신뢰했다. 자식들이 성인이 되어도 호칭은 바꾸지 않았다고 한다.

"아버지는 온 마음을 담아서 칭찬해 주셨어요. 입으로만 하는 거짓 칭찬은 아이들도 들으면 금방 알아차리잖아요. 아버지는 최고의 교육자였습니다. 언제나 진심으로 저희를 대해주셨죠." 손삼헌은 일본인 사회에서 재일교포로 살아남으려면 '옳은 일을 해야(이 나라에서는)

is known for being the founder of a company that invests in up-and-coming start-ups. His oldest son and his third son have also run their own businesses.

"I think of myself as the 1.5th generation of this family," said Son, expressing his respect and admiration for his father. What he means is that though he is not the second generation in the sense that he inherited his father's businesses, he has inherited many incredible qualities from his father. Mitsunori had always praised his children from the bottom of his heart. That was how he had instilled motivation in his children. At crucial moments, he would call out to his sons, "Genius Masayoshi!" "Genius Taizo!" He's completely serious, believes it from the bottom of his heart. Even now that they are adults, he still calls them that.

"He really meant it when he praised us. Kids can tell when you're praising them as a parenting technique. My

칭찬받을 수 있다'라는 강인한 신념을 굽힌 적이 없었다. 각자의 분야에서 성공을 이룬 사형제가 비즈니스 관련 이야기를 나눌 때면 하나 같이 입을 모아 이렇게 말한다. "아버지는 절대 이길 수 없다"라고.

손정의는 소프트뱅크 그룹을 창업한 날부터 지금까지 아버지의 의견을 듣기 위해 자주 전화를 걸었다. '창업 초기에는 매일 통화했다'고 한다. 그의 아버지는 손정의의 사업에 대해서 누구보다 잘 알고 있었다. 후쿠오카시 하카타구福岡市博多区에 설립한 유니슨 월드를 거쳐 도쿄에 일본 소프트뱅크(현 소프트뱅크 그룹)를 설립한 80년대. 컴퓨터용 소프트, 실용서를 취급하던 시기부터 40년이 지나 AI가 실현되고 있는 21세기의 최근 뉴스에 이르기까지. 10조엔 규모의 '소프트뱅크 비전펀드' 산하로 매입한 영국의 반도체 기업 Arm 리미티드Arm Limited, 더 나아가 휴머노이드 로봇 페퍼Pepper, IoT(사물 인터넷) 사업의 향후 전망에 대해서도 그 누구보다 많은 관심을 기울이고

father was the best educator. He really was sincere with us." About living as a zainichi kankokujin in Japan, Mitsu nori said, "You have to live by the rules or they won't accept you." He has maintained his strong beliefs throughout his life. The four Son brothers have each achieved success in their own fields. When it comes to business, however, they all say, "No one's better than my father."

Masayoshi has called his father just to hear his voice, from when he created SoftBank Group all the way to now. "When I first started the company, it was every day," said Son. His father knows everything about Son's businesses, from his time at Unison World in Hakata Ward, Fukuoka City, to his establishing SOFTBANK Corp. Japan (current SoftBank Group Corp.) in Tokyo in the 1980s. From when the company handled PC software and manuals, to now, 40 years later in the 21st century, as AI has started becoming a reality. He is also more focused than anyone else on

있다.

아버지가 아들에게 항상 하는 말이 있다. "사업에서 가장 즐거운 일은 사람들을 기쁘게 하는 것이다." 아들은 말한다. "아버지는 나를 진심으로 응원해 주는 사람이자 가장 잘 이해해 주는 내 편이다." 아버지의 의견을 들을 때마다 그는 결의를 새롭게 다진다고 한다. "사업가로서 사람들에게 도움을 주고, 행복을 위해서 나아가자."

이것은 그의 아버지가 아들에게 몸소 보여준 것이다. 소프트뱅크의 순이익은 1조 엔을 넘어섰다. 그런데도 손정의는 다시 이렇게 말할 것이다. "아직 사업가로서 성취한 것은 없지만 의지는 있습니다."

the future of the company, from the 10 trillion yen "SoftBank Vision Fund" to the major U.K. semiconductor design company Arm limited, which is now under the SoftBank umbrella, and SoftBank's IoT businesses, such as the humanoid robot Pepper.

His father always says to him. "The most fun part of business is making people happy." Said Son, "My father understands me the best, and is my greatest supporter." Every time Son hears his father's voice, his conviction grows stronger. "I want to be useful to people as an entrepreneur, and work to bring happiness to the world."

This is what his father has taught him, through experience. SoftBank broke 1 trillion yen in its consolidated annual net profit in FY 2016. And yet Son would probably say the same thing. "I haven't achieved anything yet as an entrepreneur. But I do have the ambition."

간난신고艱難辛苦여 고맙다!
Thank You, Hardship

2019년 4월, 손정의는 소프트뱅크 신입사원 429명에게 이렇게 말했다. 일본 국내 통신회사 소프트뱅크는 현재 소프트뱅크 그룹의 핵심적인 사업 회사라고 말이다.

"아무리 추운 혹한의 겨울이라도 하고자 하는 마음만 있다면 열심히 노력해서 견딜 수 있습니다. 일을 하다 보면 누구나 반드시 높은 현실의 벽과 마주하게 될 것입니다. 그때 주저앉을 것인지 아니면 더 배우고 더 강해져서 멋진 꽃을 피울 것인지는 여러분의 마음가짐에 따라 달라집니다. 그리고 모든 것은 자기 자신에

It was April 2019, and Son was speaking in front of an audience of 429 new SoftBank employees. The Japanese telecom company SoftBank has now become the core company in the SoftBank Group.

"It doesn't matter how awful or hard things are—if you have the drive, the motivation, and you work as hard as you can, you'll be able to get through it. There will always come a time when you have to face something difficult at work. You can get discouraged, or you can learn from the experience and become even better and stronger. That's up to you and your mindset. It

게 귀결됩니다. 간난신고는 자신을
단련시켜 주는 좋은 재료입니다. 젊
었을 때의 저는 간난신고에 직면할
때마다 '고맙다!'라고 말하며 마음
속으로 기뻐했습니다."

필시 이 순간 손정의의 머릿속에
는 야마나카 시카노스케山中鹿之助[1]
장군이 달을 바라보며 기도했던 '바
라옵건대 저에게 칠난팔고(간난신고)
를 주시옵소서'가 떠올랐을 것이다.
오다 노부나가織田信長[2]도 무리 중
단연 눈에 띄었던 야마나카 시카노
스케를 두고 수많은 시련과 역경을
통해서 천하무적의 장군이 되었다
고 말했다. 손정의 자신도 창업한 지
얼마 되지 않았을 때 찾아온 병마와
싸우며 수많은 시련과 위기에 직면
해야 했다. 그가 마주했던 가장 큰
시련을 꼽자면 2004년 소프트뱅크
BB(당시)[3]에서 발생했던 약 451만 명
의 개인 정보 유출 사건이었다. 그리
고 판매 자회사인 거래처에서 공갈
미수 체포자가 나오기도 했다. 당시
손정의조차도 이 사건을 회사의 존
폐 위기로 인식했다고 한다.

all comes down to you. Hardships will
make you a stronger person. So when
I was young, I'd be happy to face
hardships—in fact, I'd say thank you."

When Son said this, he may have
had the following words in mind,
spoken by the military commander
Yamanaka Shikanosuke[1], as a prayer
to the moon. "May I be given seven
troubles and agonies." Yamanaka, who
had attained the respect of even Oda
Nobunaga[2], became a better, stronger
military commander by facing up
to many hardships. Son himself has
been faced with trouble after trouble,
including his struggle with illness
right after he established SoftBank.
One of the greatest hardships he ever
faced was in 2004, when SoftBank
BB[3] (former company name) suffered a
leak of about 4.51 million customers'
personal information. When the
perpetrators, who were connected
to business partners of SoftBank
sales subsidiaries, were arrested
for attempted extortion. Even Son
understood that this incident would

같은 해 1월 19일, 손정의는 직접 경찰에 전화를 걸었다. "소프트뱅크의 손정의라고 합니다." 참모였던 미야우치 겐宮內謙의 보고를 받은 지 3일 후였다. 해외 출장에서 돌아오자마자 그는 곧바로 조사 위원회를 꾸렸고 3일 동안 고뇌의 시간을 가져야 했다. 그리고 조금의 망설임도 없이 곧바로 행동에 옮겼다. "제가 책임지고 해결하겠습니다."

뒤이어 2월 27일에 열린 기자 회견에서 그를 힘들게 했던 것은 2시간 반에 걸친 질의응답이 아니었다. "저의 신념인 성선설에 기초해서 엄격하게 관리하지 못했습니다." 몇 번이고 머리를 숙이고 반성하며 그가 했던 말이다. 그리하여 앞으로는 성악설에 기초해서 관리할 것이라 약속하였고 그대로 실행에 옮겼다. 지금까지 지켜왔던 신념의 축을 성선설에서 성악설로 옮기겠다는 결심은 그를 힘들게 했을 것이다. 그날은 아마도 그의 인생에서 가장 힘들고 괴로웠던 날 중 하루가 아니었을까?

threaten the very existence of his company.

On January 19, 2004, Son picked up the receiver, and called the police himself. "My name is Son, from SoftBank." This was three days after he had received the report f rom his staff member, Ken Miyauchi. After returning f rom an international business trip, Son immediately set up an investigate committee, and worked tirelessly through the problem for three days, taking definitive action against the issue. "I'll solve this. It's my responsibility."

At the press conference, held in February 27 of the same year, what tormented Son the most was not the almost two and a half hour Q&A session. "Because of my belief that human beings are inherently good, we did not keep strict enough management." As he said these words of reflection, he bowed in apology, again and again. From now on, he promised, they would operate on the belief that human beings we

어느덧 시간이 흘러 2019년 4월, 손정의는 소프트뱅크 신입사원들 한 명 한 명에게 이야기하듯 말했다. "우리 인간에게는 변해서는 안 되는 것과 변해야 하는 것이 있습니다. 자신의 정체성을 지킬 것, 마음을 소중히 여길 것, 다른 사람을 존중하고 사랑할 것 등 인간의 본질과 열정은 항상 소중히 여겨야 합니다. 하지만 기능이나 지식은 매일매일 진화시켜 나가야 합니다. 현재 수준에 계속 머물러 있어서는 안 됩니다."

항상 자신을 끊임없이 발전시켜 나가야 하는 것이 기업가의 숙명이다. 초심을 잃지 않고 전진하는 과정에는 수많은 간난신고가 우리를 기다리고 있을 것이다. 하지만 그런 간난신고는 분명 우리를 성장시켜 준다. 손정의는 이렇게 말한다.

"간난신고여, 고맙다!"

re inherently evil, and manage accordingly. He promised it, and put it into action. The decision, however, to swerve from believing in the good of people to believing the bad, seemed extremely taxing on Son. That day, for him, must have been one of the most difficult and painful of his life.

Years later, in April 2019, Son stood in front of the new SoftBank employees and said, as if he were speaking to each and every one of them. "Every person has some things they cannot and should not change, and some things they will have to change. For instance, you should always treasure human nature and passion—maintain your own identity, take care of your soul, and respect and love other people. But at the same time, you have to keep learning and evolving every day when it comes to skills and knowledge. You can't be satisfied with the level you are now."

Entrepreneurs by nature must always be learning and evolving. As you work to make things better, day by day, all while keeping that fresh spirit you had at the start, you will face many, many hardships. And these hardships will make you stronger. Which is why Son says,

"Thank you, hardship."

1   야마나카 시카노스케: 오다 노부나가와 동시대를 살았던 용맹스러운 장군.

2   오다 노부나가: 16세기 여러 나라로 나뉘어 패권을 다투던 일본 전국시대에 통일을 꿈꿨던 장군이다. 서양에서 전래된 대포를 다른 나라보다 먼저 전투에 투입시켰고, 상업 진흥을 꾀하는 등 개명적인 전략으로 잘 알려진 인물이다. 손정의가 존경하는 위인 중 한 명이다.

3   현재는 일본 국내 통신회사 소프트뱅크에 통합되었다.

1   Yamanaka Shikanosuke: A military commander who lived in the same era as Oda Nobunaga, known for his bravery

2   Oda Nobunaga: A military commander who aimed to unify the nation during the Sengoku Period in the 16th century, when Japan was fractured into many different countries, all vying for control of Japan. Known for his innovative strategies, including the implementation of firearms from the West into battle before any of his rivals, and the promotion of commerce. One of Son's greatest role models.

3   Currently consolidated into the Japanese telecommunications company SoftBank.

- 2019년 4월 일본 국내 통신회사 소프트뱅크의 입사식.

제2장
천재가 되어라

To Be a Genius

손정의는 죽어도 정의는 죽지 않는다
Masayoshi Son May Die, But Justice Never

"저는 신념을 가지고 태어났습니다." 손정의는 아버지 손삼헌과 어머니 이옥자 사이에서 사남 중 차남으로, 1957년 8월 11일에 사가현 도스시佐賀県鳥栖市의 번지수도 없는 빈민촌에서 태어났다. 그 일대는 전쟁 이전부터 재일교포들이 정착하여 판잣집을 짓고 살던 곳이었다. 그래서 번듯한 번지수도 없었다. 손정의는 재일교포 3세(현재는 일본으로 귀화했다)다.

손씨 집안은 중국에서 한국으로 건너왔다. 대대로 장군과 학자를 많

"I was born with a sense of conviction." Masayoshi Son was born in Tosu City, Saga Prefecture on August 11, 1957, to his father Son Mitsunori and mother Lee Tamako, as the second oldest of four sons. The area where they lived was populated by ethnic Koreans, who had built barracks and started living there before the war. Son was a third-generation zainichi kankokujin (Korean permanent resident of Japan).

The Son family is said to have moved from China to Korea. The family was a distinguished one that

이 배출한 명문가였다. 아버지 손삼헌 대에 한국에서 다시 일본 규슈로 이주했다. 손정의의 아버지는 양돈업, 생선 장사, 소주 행상 등을 거쳐 파친코, 요식업, 부동산업 등으로 사업을 확장시켰고 경제적인 부를 일구었다. 하지만 손정의가 태어났을 당시만해도 무척 가난했다.

"아버지, 저에게 좋은 이름을 지어주셔서 감사합니다. 정말로 좋은 이름을 지어주셨어요." 손정의는 이렇게 아버지에게 여러 번 감사의 말을 전했다고 한다. 어느 날은 아버지가 아들 손정의를 미온적인 태도로 대했는데, 손정의는 당시의 아버지를 매섭게 비난했다. "어렸을 때부터 '아버지, 뭐 하시는 거예요? 이게 뭐예요?'라고 따졌답니다. 초등학생 정도였을 때부터 그랬어요. 무서운 녀석이었죠. 그럴 때마다 정의가 옳았고 아주 매서웠어요." 아버지 손삼헌은 그때를 이렇게 회상했다.

어린 시절 손정의는 친구들에게 차별받으며 따돌림을 당하기도 했다. "야, 조선!" 뒤통수로 돌이 날아오는 날도 있었다. 선명하게 붉은 피가 퍽

had produced generals, academics, and more, and even had a genealogical record. The Son family moved from Daegu, Korea to the Kyushu area during Masayoshi's grandfather's generation. Masayoshi's father Mitsunori started in the fish and pork industries, then moved onto selling shochu(Japanese liquor), and finally pachinko stores, restaurants, and real estate, establishing a financial foundation for the family. The family was poor, however, when Masayoshi was born.

"Thanks for giving me a good name, dad. You really, really gave me a good name," said Son to his father, many times. Once, when his father dealt with him in a rather lukewarm way, Masayoshi went in and criticized his father. "What are you doing, dad? What is this? Masayoshi was always like that, even when he was little. From around the time when he was in elementary school, he was like that—scary. In times like this he was always right, and it was scary," said his father, looking back.

There was a time when he was little

하고 터졌다. "죽고 싶을 만큼 힘들었어요. 지금도 비가 오는 날이면 머리가 욱신거릴 때가 있답니다." 그때의 아픔은 가슴속 상처로 남아있다. 하지만 손정의는 누구도 원망하지 않았다. '사람을 원망하면 안 된다'는 할머니의 가르침 때문이었다.

19살 때 손정의는 명확한 인생 설계도를 그렸다. '인생 50년 계획'을 세운 것이다.

20대에 이름을 알린다.
30대에 (군)자금을 모은다.
40대에 일대 승부를 건다.
50대에 사업을 완성한다.
60대에 다음 세대에게 사업을 물려 준다.

"저는 단 한 번도 이 계획을 수정한 적이 없습니다. 손정의는 죽어도 정의는 죽지 않습니다."[1] 그는 신념을 바꾸지 않았다.

when he was discriminated against, made fun of for his origins. "Hey, Korean!" They threw a rock that hit the back of his head, spattering bright red blood. "I wanted to die, it felt so horrible. Even now, sometimes, on rainy days, I feel the pain of this moment." The pain remains as a scar on his soul.

But Masayoshi didn't bear them a grudge. "You shouldn't hold grudges against people," his grandmother had taught him.

At the age of 19, Masayoshi wrote a clear and detailed life plan for himself—his "50-Year Life Plan."

In his 20s, he would make his name known.

In his 30s, he would save up capital.
In his 40s, he would throw everything he had at his goal.

In his 50s, he would "complete" his business.

In his 60s, he would pass his business down to the next generation.

"I have never once changed this plan. Masayoshi Son may die, but justice never."[1]

1 '이타가키는 죽어도 자유는 죽지 않는다'에서 착안하여 만든 문구. 1882년 자유민권 운동의 추진자로 알려진 자유당 총재가 폭한에게 습격을 당한 '이타가키 다이스케 조난 사건' 발생 당시에 나온 말이다.

1 Spoken in reference to the phrase, "Itagaki may die, but liberty never!" It is said to have been shouted in 1882 by Taisuke Itagaki, a leading civil rights advocate and head of Japan's Freedom Party, when he was attacked by a thug. This phrase by Son is particularly witty in the original Japanese, since the Kanji characters for "Masayoshi" are exactly the same as the word for "justice," seigi, in Japanese—meaning the phrase can also be read, "Masayoshi Son may die, but justice never."

- 소년 시절에 어머니와 함께.

뇌는 근육과 같다
The Brain is a Muscle

"좀 수다스러운 편이시고 말재주가 좋은 이야기꾼이세요." 손정의의 친동생인 손태장은 아버지 손삼헌을 이렇게 묘사했다. "하여간 말도 안 되는, 믿기 어려운 일화가 많으니까요." 영웅적인 요소가 가미된 여러 무용담에는 비슷한 패턴이 있었다. "아버지는 아무도 부탁하지 않은 일도 참견하러 가셨어요. 곤란한 일이 벌어진 곳에 가서 해결사처럼 일을 처리하시는 거예요. 마치 잇큐상一休さん[1]처럼요."

예를 들면 이런 식이다. 어느 날 짐수레를 끄는 소가 도랑에 빠졌다.

"A very talkative storyteller who weaves amazing narratives," said Masayoshi Son's younger brother, Taizo, about his father, Mitsunori.

"He has so many incredible, crazy stories." Many of Mitsunori's stories revolve around heroic deeds, and often follow a similar pattern: "He goes and sticks his head into things without being asked. He always goes out looking for problems, and solves them somehow. Like Ikkyu-san[1] in the folk tale."

There was one time, for example, when a cow pulling a cart fell into a ditch on the side of the road. The

소가 도랑에서 나오 못하고 '무무'하고 울자 사람들이 몰려들었다. 모두가 힘을 모아 소의 엉덩이를 힘껏 밀어 보았지만 소는 미동조차 하지 않는다. 이때 마침 길을 가던 손삼헌도 힘을 보탠다. 하지만 소가 꿈쩍도 하지 않자 어떻게 하면 좋을지 골똘히 생각한 뒤 묘안을 떠올린다. 소주 행상이었던 그는 팔던 소주를 소에게 먹였다. 그리고 근처에 있던 철봉인지 철판인지 모를 물체를 뜨겁게 달구어 한 김 식힌 후에 술에 취한 소의 엉덩이에 가져다 대고 밀었다. 결국 소는 엉덩이가 뜨거워서 날뛰며 도랑에서 빠져나왔고, 아버지 덕분에 일이 해결되었다는 식이다.

잔반을 모아서 가축의 사료를 만들었다는, 손씨 일가가 살았던 군락의 분위기는 손태장이라는 또 한 명의 이야기꾼을 통해서 생생하게 전해진다. 손삼헌에게는 이런 열정이 있었다. 지고 싶지 않은 승부욕 말이다. 그런 손삼헌이 산장 찻집을 개업한 적이 있었다. 손정의가 초등학생 때의 일이었다. 손태장은 이렇게 말

cow was stuck on its side and mooing loudly, and a crowd had formed around it. People tried to push the cow up, but it wouldn't budge. Mitsunori, who had been passing by, tried to push the cow as well—to no avail. He thought about it for a bit, and came up with a brilliant idea. He took the shochu (Japanese liquor) he had been peddling and held it up to the cow's mouth, pouring the drink down its throat. Then, he took an iron plate, or maybe it was a stick, that was lying around nearby, heated it up until it sizzled, then pressed it hard onto the now drunk cow's bottom. The cow roared and jumped up out of the ditch, and the matter was settled.

In this story, relayed through another storyteller—Taizo—you can feel the atmosphere of the village where the Son household lived, collecting their leftovers to feed the livestock. Mitsunori just has that kind of energy, a fighting spirit. Mitsunori opened a Yamagoya (a mountain cabin) style café when his second oldest son,

했다. "아버지가 사무실로 출근하는 길에는 작고 낡은 집이 있었어요. 곧 허물어질 것 같은 집이었죠. 그 앞에는 '임대'라고 써 붙여 있었어요. 아버지는 항상 건물이나 대지를 찾던 사람이라 '임대FOR RENT'라는 글자를 보면 항상 관심을 가지셨죠. 출근하는 길에 있는 집이었으니 아무래도 더 눈에 띄었을 거예요."

입지도 나빴고 많이 낡아서 곧 허물어질 것 같은 '이런 곳에서 장사는 절대 안 되지. 역시 아무도 안 왔군. 오늘도 계약하는 사람이 없군.' 며칠이 지나도, 아니 1년이 넘도록 그 작은 집을 빌릴 사람은 없을 것 같았다. 1년 반이 지났을 무렵 손삼헌이 길을 지나는데 우연히 여주인이 밖에 나와 청소를 하고 있는 걸 발견한다. "할머니가 여기 주인이세요?"라고 손삼헌이 말을 걸었다. "네."라고 답한 여주인은 이내 한탄을 늘어놓기 시작했다. "아무도 빌리러 오질 않아서 곤란해 죽겠다우. 나도 농사를 짓고 사는데 이제 나이도 있고 수입도 적고, 누가 이 집을 좀 빌려서 써주면 좋겠는데…. 그럼 임

Masayoshi, was in elementary school. "There was a shanty on the road that my father took to go to work," Taizo said. "A crudely built shanty. But it had a 'For Rent' sign on it. My father's the kind of person who's always looking around for property, so when he sees a 'For Rent' sign, he can't help but be interested. And in this case, the property was on his daily commute."

It was just an old shanty in a bad location. Surely it would be impossible to do business in a place like this. But still he noticed it there every day—still up for rent, still up for rent. Days passed, and then a whole year, and there didn't seem to be any renters. One day, a year and a half later, Mitsunori passed by the shanty and found an old woman cleaning it. "Are you the owner?" Mitsunori asked. "Yes," she said, complaining, "No one will rent this place. I don't know what to do. We used to be farmers, but now we're old, and our income is not enough. If there was a renter we'd get rent, and it would really help us out." Mitsunori said, "I'll do it—I'll rent it."

대료가 들어와서 나도 좀 생활이 편해질 텐데 말이유." 손삼헌은 말했다. "제가 빌릴게요."

손삼헌은 그 작은 집으로 어떤 일을 할지를 생각했다. 낡고 허물어져 가는 작은 집이라면 숲속의 작은 산장처럼 꾸며 찻집을 열면 어떨까? 손씨 일가는 자본금을 절약하기 위해 서로 힘을 모았다. 산이며 들이며 이곳저곳을 돌아다니면서 돌과 목재를 수집했다. 그리고 마침내 그 낡은 집을 산장 찻집으로 멋지게 탈바꿈시켰다.

초등학생이었던 손정의에게 아버지가 물었다. "천재 우리 정의야." 손삼헌은 아들을 늘 이렇게 불렀다. 그러고는 마치 비즈니스 파트너에게 조언을 구하는 듯 신중한 어조로 물었다. "어떻게 하면 찻집이 잘 될 것 같으냐?" 손정의는 대답했다. "공짜요. 공짜 음료권을 나눠주고 손님을 불러 모으는 거예요." 아버지는 그의 아이디어를 받아들였다. 그림을 잘 그렸던 손정의는 무료 음료권에 일러스트를 그려 넣었고, 곧 찻집은

What should I do with it? He asked himself, after he'd already rented the place. It was an old shanty, so might as well turn it into a mountain cabin-style café, he thought. To save on set-up costs, the entire family went up to the mountains to collect rocks and wood, and turned the shanty into a mountain cabin.

"Genius Masayoshi," said Mitsunori to Masayoshi, who at the time was in elementary school. That was his nickname for Masayoshi, and he used it in earnest. He spoke to Masayoshi as if he were a business partner. "Masayoshi, what do you think? How do you think we could turn this into a successful store?" Masayoshi replied, "Giveaways. Hand out free coffee tickets and get the customers to come." His father used his idea. Masayoshi, who was good at drawing, drew the illustration on the free coffee tickets. The store did very well.

And so time passed in the S on household. Their father, who was always sticking his head into things, trying

문전성시를 이뤘다.

손씨 일가는 늘 함께 시간을 보냈다. 끊임없이 이일 저일에 참견하며 나서서 일을 해결하던 아버지 손삼헌은 그가 '천재'라고 부르는 아들을 비즈니스 파트너로 생각하며 대했고, 사업가의 길을 열어 주었다. 성인이 된 손정의는 2001년에 인터넷 접속 서비스 Yahoo! BB를 스타트업했다. 그는 이 서비스를 확장하기 위해서 ADSL 모뎀을 무료 배포하는 대담한 전략을 펼치기도 했다. 이런 발상의 근원에는 언제나 그의 아버지 손삼헌이 있었다.

'머리가 터질 때까지 생각해라.' 손정의가 되뇌는 이 말은 아버지가 물려준 것이다. 그는 이렇게 말했다. "아이디어라는 것은 무한대로 끌어낼 수 있어요. 아이디어에는 한계가 없습니다. 아이디어는 항상 생각해야 해요. 제한적인 머리를, 제한적인 자신의 뇌를 어떻게 사용할 것인지 알아야 합니다." "항상 길은 있어요. '어쩔 수 없다', '어렵다'라고 말하면 그렇게 말하는 만큼 해결책은 점점 더 멀어질 뿐입니다." "뇌는 근육이

to get things done, paved the way for the family alongside his business partners—his "genius" sons. In 2001, Masayoshi—now all grown up—started up the Internet service Yahoo! BB. In order to boost business for this new service, the company made the dramatic decisions to hand the ADSL models out for free. The idea reflected his father Mitsunori's influence.

"Think until your brain explodes." This is something that Son inherited from his father and says all the time. Says Son, "There is no limit to the number of ideas you can have. There are no limits on ideas. You have to always be thinking of ideas. How are you going to use this one mind that you have, this one brain, as effectively as possible?" "There's always a way. The more you say 'This is just the way it is,' or 'This is too hard,' the farther away you'll get from a solution." "The brain is a muscle!" Son's habit of working his brain like a muscle, with the commitment of an athlete, was instilled in him by his father, with his thrilling stories.

다!" 운동선수처럼 뇌라는 근육을 단련하는 습관은 그의 아버지가 나름의 특훈을 통해 아들에게 남겨준 것이다.

1 15세기에 활약했던 선승禪僧 잇큐 소준一休宗純을 모델로 한 설화의 주인공으로 여러 장군이 내는 난제를 기지를 발휘해서 해결한다. 일본에서는 1970~80년대에 방송된 어린 시절의 잇큐 소준을 주인공으로 그린 애니메이션 〈잇큐상一休さん〉이 유명하다.

1 Ikkyu-san: The main character in a folk tale modeled off the the 15th century Zen monk Ikkyu Sojun, who used his wit to solve difficult problems posed to him by shoguns. In Japan, a famous 1970s-80s anime called "Ikkyu-san" depicted the childhood of Ikkyu Sojun.

다른 사람을 모방하지 마라
Don't Do What Other People Are Doing

소년 손태장이 하교 후 집으로 돌아온 어느 날, 때마침 아버지 손삼헌이 집에 있었다. "다녀왔습니다"라고 인사하자 아버지는 아들에게 물었다. "오늘은 학교에서 뭘 배웠니?" "오늘은 분수 나눗셈을 배웠어요. 거꾸로 뒤집어서 곱하는 거요." "그랬구나"라며 고개를 끄덕이던 아버지는 천천히 말했다. "선생님이 하는 말을 다 듣지 말거라."

손태장은 깜짝 놀랐다. '보통은 선생님 말씀을 잘 들으라고 하는데 왜 이런 말씀을 하시지?'라고 마음속

One day, when Taizo Son was a boy, he came home from elementary school to find his father, Mitsunori, at home. "You're home," Mitsunori said, then asked his son, "What did you learn at school today?" "Today I learned how to divide fractions. You flip it upside down and multiply them." "I see." Mitsunori nodded, then said purposefully. "Don't listen to what the teachers tell you at school."

Taizo was stunned. "What?! Shouldn't I listen to what my teachers tell me? Why would you say that?" He was in turmoil. Mitsunori, however,

으로 생각했다. 하지만 아버지는 연거푸 말을 이어나갔다. "학교 선생님들은 거짓말을 한단다. 모두 믿지는 말아라." 이렇게 말하는 아버지의 속뜻을 손태장은 자신의 아이를 낳고 부모가 된 후에야 알게 되었다. 자기 스스로 생각하는 것이 얼마나 중요한지를 깨달은 것이다. 그것은 바로 비판적 사고였다.

"선생님이 하는 말을 다 듣지 말아라." "선생님은 거짓말을 한다." 오랜 세월이 흘러 잊고 지내던 말이었다. 그러다가 아이를 낳아 기르기 시작하면서 이 말이 어느 날 갑자기 머릿속에서 되살아났다고 한다. "아버지는 선전 문구catchphrase 같은 걸 만드는 센스가 남다르셨어요." 손태장은 감탄했다. '형인 손정의도 선전 문구를 잘 만들었지만 아버지만큼은 아니다'라고 말하기도 했다. '다른 사람을 모방하지 마라'라는 말도 자주 들었다고 전했다.

예를 들어 아버지 손삼헌은 아들에게 이런 질문을 하곤 했다. '회사를 그만두고 라멘집을 해 보고 싶다

was adamant. "The teachers at school, they lie. Don't believe them." The true meaning of his father's words only became apparent to Taizo after he himself became a father. What his father had wanted to convey was the importance of thinking for yourself— the act of critical thinking.

"Don't listen to what the teachers tell you," and "The teachers at school, they lie." For a long time, Taizo had almost forgotten these words. But one day, right around when he first became a father, it suddenly came back to him. "My father's amazing at coming up with catchphrases." Taizo said. His older brother Masayoshi is also good at coming up with catchphrases, something he probably gets from his father. Another thing Mitsunori often said to his sons was, "Don't do what other people are doing."

Once, for example, his father asked him a question: What would you do if someone came to you, saying they wanted to quit their corporate job and open a ramen store? You ask them if they know how to make ramen, and

는 상담을 받는다면 어떻게 하겠느냐? 그 사람에게 라멘을 만들 수 있냐고 물었더니 만들어본 적이 없다고 한다. 만들어보진 않았지만 라멘을 무척 좋아하고 회사는 시시하다면서 라멘집을 운영해 보고 싶다고 말이다. 이런 상담을 청한다면 너는 뭐라고 조언하겠니?'라고 말이다. 일단 '유명한 라멘집에 들어가서 라멘 만드는 방법을 배워야 한다'는 조언은 그리 엉뚱한 답은 아닐 것이다. 라멘집에서 기초부터 차근차근 배운 후에 자신만의 맛을 개발하여 독립하는 것이 현실적인 방법이기 때문이다. 하지만 손씨 일가가 내린 답은 전혀 달랐다.

"지금 바로 돼지를 삶아라!" 물론 초보자가 갑자기 돼지 뼈를 삶는다고 하면 고기 잡내가 진동할 것이 뻔하고 어떻게 요리해야 할지 짐작하는 것도 쉽지 않을 것이다. 하지만 돼지 뼈를 여러 번 삶기를 반복하고 잡내가 나는 국물을 여러 번 맛보면서 소금도 넣어보고 잡내 잡는 방법을 찾다보면, 시행착오와 우여곡절

they tell you no. They've never made ramen before, but they love ramen so much, and their corporate job is so tedious—they just want to try it out. If they asked for your advice, what would you tell them? Taizo's answer: "Well, what about going to train at an established place, and learning there?" He figured it was rational advice, and probably on the mark. The aspiring ramen chef could learn the basics there, then add an original twist to his ramen, and set up his own shop. It seemed like a realistic plan. The correct answer in the Son household, however, was completely different:

"Start stewing those pork bones right now!" Of course, the broth at that point—without any cooking training—would probably be awful. But if they did it again and again, just stewing and stewing those pork bones, tasting it again and again, putting in some salt and trying all kinds of things, at some point the result would be something original.

끝에 자신만의 오리지널 국물, 즉 결과를 얻을 수 있다는 것이었다.

유명한 가게에서 일하며 전수받은 비법으로 가게를 열었을 때 받을 수 있는 칭찬은 '원조보다 조금 더 맛있다'는 평이 전부일 것이다. 손님은 바로 원조 집으로 달려갈 테니까. 그래서 손씨 일가는 '다른 사람을 모방해서는 안 된다'는 결론에 이르렀다. 손태장의 친형 손정의는 말한다. "모방만 해서는 절대로 뛰어넘을 수 없다." 이런 대화들을 손씨 일가 사람들은 매일 반복해 왔다.

But to follow this path, you can't just be a little bit better than the store the ramen shop that did things "properly," going into an established store to train, and learning all there is to know. If you're only a little bit better, customers would just go to the established business. That's why the conclusion in the Son household is, "Don't do what other people are doing." Taizo's older brother, Masayoshi, says, "You can't outdo other people by doing the same things they're doing." These kinds of conversations are a mainstay of the Son household.

료마처럼
Like Ryoma

손정의는 일본 막부 말기의 무사인 사카모토 료마坂本龍馬[1]의 삶을 동경했다. 메이지 유신 혁명을 위해 자신의 인생을 바쳤고, 나아가 새로운 일본을 위해서 노력했던 풍운아 말이다. 손정의는 사장실에 놓인 회의 테이블 정면에 사카모토 료마의 실물 크기 사진을 걸어두었고, 매일 아침저녁으로 그와 대면했다. 그러면서 그에게 질타와 격려를 받는다. 손정의는 15세에 시바 료타로司馬遼太郎의 《료마가 간다竜馬がゆく》라는 책을 읽고 인생관이 바뀌었다고 고백하기도 했다. 사카모토 료마의 삶

Son is a huge admirer of the life of Sakamoto Ryoma[1]. Ryoma was a remarkable man who dedicated his life to the Meiji Restoration, and contributed greatly to Japan's evolution in the 19th century. Son has a life-sized photograph of Sakamoto Ryoma right in front of the meeting table in his CEO's office, where he can see it 24/7. "You're still small. It's not good enough," Son imagines Ryoma saying. Every day, Ryoma drives him to work harder. Son read Ryotaro Shiba's Ryoma Goes His Way when he was 15 years old , and it changed his perspective on life. Son saw himself in

에서 자신의 인생을 엿본 것이다.

사카모토 료마는 상인 집안에서 자라 하급 무사로 출세한 인물이다. 어렸을 때는 소심해서 마을 또래 친구들에게 항상 놀림을 받았다고 전해진다. 손정의도 상인 집안 출신으로 어렸을 때 자신의 출생에 대해 많은 고민을 했기에 더욱더 사카모토 료마의 삶에 공감할 수 있었다. 이후 손정의는 사카모토 료마가 '탈번'한 것과 마찬가지로 고등학교를 중퇴한 뒤 16세에 미국으로 건너갔다.

보통 사카모토 료마라고 하면 가메야마 샤추 亀山社中(가이엔타이海援隊의 전신)를 떠올릴 것이다. 이는 일본의 첫 무역 회사다. 그는 메이지 유신이라는 혁명을 기획한 인물로도 유명한데 만일 살아서 메이지 신정부의 시작을 지켜봤더라도 그 어떤 지위도 탐하지 않았을 인물이다. "사카모토 료마는 일본 정부의 일원이 되기보다는 세계의 가이엔타이라는, 좀 더 넓고 높은 의지로 세상 사람들과 교류하면서 개혁하고 일본의 미래를 그리는 인물이 되길 바랐습니다."

Ryoma's life.

Ryoma gre w up in a famil y of merchants, and started from the position of a lower-class samurai. He had been timid as a child and had often been teased by children in the neighborhood. Son was also the son of a merchant and had spent time in his childhood grappling with his origins, which strengthened his sense of kinship with Ryoma. Soon after, in the ambitious spirit of Ryoma, Son "dropped out of high school in the same way you might become a lordless samurai, and moved to the U.S. at 16 years old."

Ryoma is associated with Japan's first trade association, the Kameyama Shachu, which evolved into the Kaientai. Ryoma served as leader of the revolution that led to the Meiji Restoration, but would never have participated in the new government had he lived to see its establishment. "Instead of being a member of the Japanese government, Ryoma wanted to serve the Kaientai on a global scale. He had far greater ambitions, and

손정의는 '이런 가이엔타이의 의지를 이어받아 세계의 소프트뱅크가 되고 싶다는 생각으로 열심히 노력하자'라며 결의를 다졌다. 그는 난관에 부딪힐 때마다 '만일 사카모토 료마였다면 어떻게 했을까?'라고 떠올린다고 한다. 이렇게 말이다. "저는 나이를 이렇게나 먹고도 아직 아무것도 이룬 것이 없다는 사실에 초조합니다. 스스로에 대해 아직도 만족스럽지 못한 부분이 있습니다."

사장실에서 회의가 열릴 때면 손정의의 옆에는 언제나 목도 복제품이 놓여있다. 마음이 요동치거나 흥분될 때마다 그는 천천히 목도를 손에 쥐고 세게 내리친다. 임원과 직원들이 깜짝 놀라서 '와'하고 소리치기도 한다. 중학생 시절 일본의 검술 유파 중 하나인 북진일도류北辰一刀流 도장에 다녔던 터라 그가 목도를 내리치는 솜씨는 보통이 아니다. 사카모토 료마 역시 북진일도류 출신이다. 시바 료타로의 책을 통해서 알게 된 이 사실 덕분에 그의 삶을 더욱 깊이 동경하게 되었다고 한다.

wanted to interact with people from all over the world, engage in reform, and shape Japan's future."

Son aims to follow in the Kaientai's footsteps, following his ambition and turning SoftBank into a global company. He reaffirms this goal all the time. There are times when Son comes across a difficult issue and thinks to himself, What would Ryoma do? This is why he says, "I feel panic at the thought that I haven't accomplished anything, at this age. There are a lot of things I'm still very dissatisfied with about myself."

Whenever Son holds meetings in his CEO's office, there is always a replica of a wooden sword by his side. Whenever he feels excited or agitated, he very deliberately picks up the wooden sword, then swings it down forcefully. "Whoa!" say the executives and employees, stunned. Son trained at his local Hokushin Ittoryu-style dojo in middle school, and his swordsmanship is not just for show. Ryoma had also been of the Hokushin

"인생의 마지막 순간에 눈을 감을 때 통쾌한 인생이었다는 생각이 든다면 그것이 최고의 행복이라고 생각합니다."

사카모토 료마라는 인물을 한마디로 정의한다면 '통쾌함'일 것이다. 통쾌하게 살았다는 것을 손정의는 아마도 이렇게 생각하는 것 같다. 높은 의지를 품는다. 간난신고를 받아들인다. 잘 되는 일도 있고 안 되는 일도 있다. 최선을 다해 노력하고 인간의 힘으로 할 수 있는 일들을 수행한 뒤 천명을 기다린다. 속이거나 거짓말하지 않고 약속은 반드시 지킨다. 자기 자신에게 거짓말하고 있는 것은 아닌지 자문하며 정직하게 살아간다. 이것이 자기 삶의 방식이다. 인생의 마지막 순간에, 눈을 감고 '통쾌한 인생'이었다고 생각할 수 있는 것. 이 한순간을 위해서 매일 열심히 살아간다.

Ittoryu style. This information, which he learned from Ryotaro Shiba's book, only made him admire Ryoma more, says Son. "I think the greatest joy for me would be to close my eyes at the end of my life, and be able to think, what a thrilling life that was."

If you had to use one word to describe Ryoma and his life, it would definitely be "thrilling." Son has many ideas on how to live a thrilling life. Set great ambitions. Endure hardships. There will be times where things go well, but also times where things go poorly. Work as hard as you can—do your best and leave the rest to God. Do not lie, and always honor your promises. Ask yourself if you are lying to yourself and live a true and honest life. This is how you must live. To close your eyes at the end of your life and be able to think, "What a thrilling life that was." For that one moment, Son will work hard his entire life. "Like Ryoma, I want to live a thrilling life."

1 사카모토 료마(1836~1867년): 에도 막부에서 메이지 정부로 정권이 이행되는 데 기여한 지사. 가메야마 샤추(훗날 가이엔타이)를 결성하고 일본 최초로 상사를 꾸린 인물로 전해진다. 32세에 암살당했다. 일본의 국민 작가인 시바 료타로(1923~1996년)의 소설 《료마가 간다》의 주인공으로 유명하다.

1 Sakamoto Ryoma (1835-1867): An influential samurai who worked toward the political transition from the Edo Shogunate to the Meiji government. Ryoma also established the Kameyama Shachu, Japan's first trading company (the predecessor to the Kaientai). Assassinated at 32 years old. Ryoma's

life was chronicled in the historical novel, Ryoma Goes His Way by renowned Japanese author Ryotaro Shiba (1923-1996).

- 사카모토 료마의 실제 모습과 같은 크기의 사진을 사장실에 걸어두었다.

설레는 일을 한다
It's So Good, So Good So Exciting

작은 체구에 천진난만함을 띤 동안童顔, 붙임성 있고 애교 넘치는 생김새. 2000년 11월, 손정의는 미국 라스베이거스에 있었다. 닷컴 버블 시대에 MGM 그랜드 호텔 방에서 나는 손정의의 비서에게 올 연락을 기다리고 있었다. 첫 연락은 노트북으로 왔다. 이후 여러 차례 이메일을 주고받았고 '곧 손정의가 회의실을 나갑니다'라는 메시지가 도착했다. 손정의는 여러 명의 직원을 거느리며 걸어왔다. 덩치가 큰 외국인들 사이에 어린아이가 한 명 섞여 있는 것처럼 보였다. 이상한 광경이었다.

Short stature, an Asian, somewhat childish-looking face, friendly and full of charm. It was November 2000, and Son was in Las Vegas. This was during the dot com bubble, and I was sitting in my room at the MGM Grand Hotel, waiting for Son's secretary to contact me. The first email arrived in my inbox. We emailed back and forth a few times, and then finally, I got word: "Son is leaving the meeting room." Son came walking down the wide hallway of a large Las Vegas hotel, alongside several employees. Surrounded by tall, well-

하지만 체구가 큰 외국인들 사이에서 당당하게 걸어오는 그를 보며 나는 '멋있다'라는 생각을 가장 먼저 떠올렸다. 드디어 영화의 한 장면처럼 직원들이 떠나고 손정의와 나만 남게 되었다. 그리고 우리는 단둘이서 걷기 시작했다. 그 순간 그가 내뱉은 첫 마디. "좋네요, 좋아. 설레고 흥분됩니다. 미국에 오면 전투를 앞둔 무사처럼 떨리네요."

손정의는 16세에 일본 규슈의 명문고인 구루메久留米 대학교 부설 고등학교에 입학했다. 그러나 여름방학이 끝나자마자 학교를 중퇴하고 미국 유학을 결심하게 되었다. 그가 유학을 결심하게 된 이유는 4주간의 어학연수에서 마주한 캘리포니아의 끝없이 펼쳐지는 파란 하늘과 거대한 경치 때문이었다고 한다. '어떻게 저렇게 크지? 어떻게 저렇게 새파랗지?' 재일교포인 자신이 이대로 일본에서 고등학교를 졸업하고 대학을 졸업한다고 해도 미래는 그리 밝지 않을 것 같았다. 손정의는 고민에 빠졌다. 하지만 이내 그의 고

built foreigners, Son looked almost like a child that had wandered into the group. It was a strange sight. But as I watched Son, walking confidently with these large men—who all worked for him—I thought, "What a cool guy." Soon after, like a scene in a movie, the employees slipped away and Son and I began walking together. Son was the first to speak. "It's so good, so good. So exciting. I tremble with excitement whenever I'm in the U.S."

When Son was 16 years old, he decided to quit school and study abroad in the U.S. This was despite being enrolled in Kurume University Senior High School, a famous school in the Kyushu area. He made the decision after summer vacation. His decision was based on his experience studying abroad for four weeks to learn English, and the sights he saw there—the boundless blue skies and vast sceneries of California. "How vast, how blue." Before that point, Son was worried about his future. As a zainichi kankokujin (Korean permanent

민은 캘리포니아의 하늘 위로 멀리 날아가 버렸다.

그는 샌프란시스코 남쪽에 있는 데일리 시티Daly city의 세라몬테하이스쿨Serramonte High School에 입학했다. 그리고 진급해서 대학 검정시험(고등학교 졸업 능력을 판단하는 시험)에 합격했고 3주 만에 고등학교를 자퇴(고등 사무국의 기록에는 철회 withdraw로 표기되어 있다)하고 홀리네임즈대학교Holy Names University로 진학했다. 그러고는 맹렬하게 공부에 매진했다. 그는 '공부의 신'처럼 강렬하고 치열하게 공부했다.

일단 가구점에서 구입한 커다란 문짝을 두 개의 철제 캐비닛 위에 올려서 특대 사이즈의 학습용 책상을 완성했다. 그 위에 교과서, 참고서, 사전을 쭉 펼쳐놓았다. 서재까지 이동하는 시간도 아끼고 싶었던 것이다. 그뿐만이 아니었다. 입고 다니는 바지에 특대 사이즈의 주머니를 붙여 리폼해서 입었는데, 거기에 몇 십 자루의 펜과 자, 전자계산기까지 모두 넣어 다녔다. 바로바로 꺼내 쓸

resident of Japan), he knew there wouldn't be much of a future for him if he just graduated from Japanese high school and went to a Japanese university. All these worries, however, immediately blew away with the sight of that Californian sky.

Son enrolled in Serramonte High School in Daly City, which was south of San Francisco. He ended up skipping a grade, and after passing the high school proficiency exam, withdrew from the high school after only three weeks, enrolling in Holy Names University. He studied like a madman. His time as what he called a "study demon" was intense.

First, he placed a massive door sheet that he'd gotten at a furniture store on top of two steel cabinets, creating an enormous study desk. He laid his textbooks, study guides, and dictionaries all out on the table, unwilling to waste even a second walking to his bookshelf. He also altered his pants pockets, sewing on giant pockets where he could store

수 있으니 효율적이라고 생각했던 것이다.다. 그리고 항상 교과서가 든 거대한 책가방을 메고 다녔다. 식사하면서도 한쪽 눈으로는 참고서와 노트를 봤다. 그러면서 '언젠가 입과 눈으로 여유롭게 식사를 즐기고 싶다'라고 마음속으로 바랐다고 한다. 이렇게 열심히 공부한 끝에 그는 명문대 캘리포니아대학교 버클리 캠퍼스로 편입할 수 있었다.

손정의는 종종 '자기만큼 공부한 사람이 또 있을까? 그렇다고 생각하는 사람이 있으면 손을 들어 보라'며 웃으면서 질문하곤 했는데, 100% 농담은 아니다. 미국에서 학창 시절을 보내던 어느 날, 그는 슈퍼마켓 계산대에서 잡지 하나를 집어 들어 펼쳤다. 그리고 온몸에 전율이 느껴지는 감명을 받았다고 말했다. '어떻게 이렇게 아름다울 수가 있지?' 그는 잡지를 보며 눈물이 '주르륵 흘러내렸다'고 당시를 설명했다.

그것은 과학 잡지로 컬러로 인쇄된 i8080 컴퓨터 칩 이미지가 담겨 있었는데, 그의 말을 빌리자면 세밀

dozens of pens, his ruler, and even his calculator—efficient, since he could grab them whenever he wanted. On his back was an enormous backpack filled with textbooks. Even as he ate, he would have one eye fixed on his study guides and notebooks. "One day, I want to look at my meal with both eyes while I eat," he thought quietly to himself. And so he was able to transfer to the highly-selective University of California, Berkeley (UC Berkeley).

Son often asks, "Is there anyone here who studied as much as I did? If you think you did, then raise your hand." He's joking when he says this, laughing, but it's probably true. One day in his school days in US, Son picked up a magazine while waiting in line at the supermarket. A wave of inspiration washed over him, so immense it was almost paralyzing. "How unbelievably beautiful." The tears "flowed like someone had turned on a faucet," said Son, looking back on that moment.

He was looking at the science ma

한 기하학 모양이 너무 아름다웠다고 한다. 손정의는 그 페이지를 찢어서 파일 폴더에 끼워 넣고 잠시도 자신에게서 떼어놓지 않았다. 그는 '지금도 그때의 감동을 잊을 수 없다. 그때의 강렬한 감동이 내 삶을 결정했다'라고 말한다. "일을 한다는 것은 이런 감동을 맛보는 것이다. 그리고 이런 감동을 사람들과 공유하고 싶다. 그것이야말로 최고의 행복이 아닐까?"

마치 소년 시절 '친구들과 산속에서 모험을 즐길 때의 설렘'과 같다. 환갑을 넘긴 손정의는 말한다. "나는 아직 혈기 왕성한 청년입니다!" "무엇인가 새로운 것에 도전할 때의 감동은 예전이나 지금이나 다르지 않습니다." 자유롭고 솔직한 마음, 그 마음속 깊은 곳에서 흘러넘치는 감동이야말로 인간을 움직이는 강력한 힘일 것이다.

gazine, and on it, a color print of the i8080 computer chip, with its delicate and beautiful geometric pattern. He cut the page out from the magazine, put it in a file folder, and never went without it. "Even now, I still remember how inspired I was. That powerful wave of inspiration shaped the way I live my life." "To work is to savor this inspiration. And what I want to do is to share this inspiration. Isn't that the happiest thing you can do?"

It was the same feeling as "that excitement I felt when I was exploring the mountains with my friends," he said. "I'm still right in the bloom of my youth!" said Son, now over 60 years old. "That sense of inspiration I feel when I challenge myself to new things. That feeling has stayed exactly the same for me." The inspiration that wells up from such an unconstrained, honest persona is a powerful force—one that drives others to take action.

- 미국에서.

발명을 위한 발명을 하다
I Decided to Invent a Method for Invention

'컴퓨터의 아버지'로 불리는 앨런 케이Alan Kay는 "미래를 예측하는 최선의 방법은 미래를 창조하는 것이다"라고 말했다. 캘리포니아대학교 버클리 캠퍼스로 편입한 손정의는 발명가였다. 그는 우수한 성적을 자랑했다. 수학과 물리, 컴퓨터, 경제학, 네 과목에서 올 A를 받았고, 성적은 언제나 상위 5% 안에 들 정도였다. 1등을 했던 과목도 많았다. 그는 자신의 본분을 열심히 공부하는 것이라고 생각했기에 아르바이트는 따로 하지 않았다. 하지만 부모님이 보내주는 돈에 의존하기만 해서는

Alan Kay, the "father of personal computers," once said, "The best way to predict the future is to invent it." Son, who had just transferred into UC Berkeley, was an inventor. Son had very good grades. He received straight-As and was in the top 5% of his class in mathematics, physics, computer science, and economics. There were many subjects where he came in first in his class. Son knew his duty was to his studies, and had decided not to take up any part-time jobs. At the same time, however, he didn't think he should rely entirely on

안 된다는 생각도 있었다. 그리하여 '하루에 5분 정도는 공부 말고 다른 것을 해도 괜찮지 않을까?'라고 생각하며 자신을 허용했다고 한다.

하루 5분으로 100만 엔 이상의 돈을 벌 수 있는 일은 없을까? 친구들은 "너 혹시 바보 아니야?"라고 말하며 비웃었다고 한다. 스무 살의 손정의가 생각해 낸 것은 바로 '발명'이었다. 하루에 한 가지를 발명하는 것. 그는 '아이디어 뱅크'라고 쓴 노트를 준비해놓고 타이머 시계를 5분 후로 세팅했다. 그리고 알람이 울릴 때까지 5분 동안 '집중'했다. 5분 안에 아이디어가 떠오르지 않는 날은 깨끗하게 단념하는 것도 잊지 않았다.

5분 동안 나온 아이디어는 예를 들어 이러했다. 변기를 덮는 발포 스티로폼 덮개, 손을 더럽히지 않고 피자를 먹을 수 있도록 도와주는 도구, 색맹인 사람을 위한 신호등. 하지만 이 방법을 실천한 지 얼마 지나지 않아 아이디어가 고갈되고 말았다. 5분 안에 한 가지 발명을 못 내놓는 날도 점차 늘어갔다. 그렇다면

his allowance for his day-to-day life. He gave himself about five minutes a day to do non-study related things.

And he thought about whether there was work that could earn him over a million yen a month on just five minutes a day. His friends laughed at him. "Are you an idiot?" The work that 20-year old S on eventually came up with was to invent. Every day, he would invent one thing. He would prepare a notebook, which he called the "idea bank," and then set his alarm for five minutes. During the five minutes until the alarm went off, he would concentrate intensely. If he couldn't come up with an idea in five minutes, he would give up for the day.

The ideas he came up with in those five minutes were various. For example, a Styrofoam cover for toilet seats, a tool to grab pizza so you could eat it without getting your hands dirty, and a stoplight for color-impaired people. Over time, he began to run out of ideas. There were more and more days where he couldn't think of single

어떻게 해야 할까? "발명하는 방법을 발명하기로 했습니다."

그는 시행착오를 거듭하면서 발명에는 세 가지 패턴이 있다는 사실을 깨닫게 되었다. 첫 번째는 문제 해결법이다. 필요는 발명의 어머니라고 했던가. 뭔가 곤란한 일이 생겼을 때 그가 해결 방법을 찾아 나가는 접근 방식이었다. 손정의가 마음에 들어 했던 아이디어 중 하나인 변기 덮개 아이디어는 화장실 변기에 앉았을 때 차갑거나 불결하게 느껴졌던 불만, 불안에서 나온 것으로 해결책을 찾는 접근법에서 나온 아이디어였다. 손을 더럽히지 않고 피자를 먹는 도구도 같은 발상에서 시작됐다.

두 번째는 수평적 사고다. 현존하는 것들의 구성 요소나 성질을 뒤바꿔보는 것이다. 발상의 전환인 셈이다. 색을 바꾼다, 형태를 바꾼다, 크기를 바꾼다, 흑색을 백색으로, 사각형을 원형으로, 큰 것을 작은 것으로 등. 색맹인 사람을 위한 신호등은 빨강, 파랑, 노랑의 '색'이 아니라

thing. Now what? "I decided to invent a method for invention."

After much trial and error, Son observed that there are three patterns when it came to inventions. The first is the problem-solving approach. Necessity is the mother of invention. You come across a problem, and work towards a solution. One of Son's favorite ideas, the toilet seat cover, was his way of solving all the discomfort and anxieties that surrounded the use of toilet seats, such as temperature and hygiene. The pizza tool took the same approach by solving the problem of greasy hands.

The second kind of approac h involved lateral thinking—changing the components elements and properties of existing things. Revo lutionary thinking. Changing color, shape, or size. Making black things white, square things round, large things small. The stoplight for color-impaired people was born from this approach. He had asked himself what

원형, 삼각형, 사각형의 '형태'로 메시지를 전달하면 어떨까 하는 착안에서 나온 것이었다.

세 번째는 조합 방법이다. 이미 존재하는 복수의 것을 합체하는 것이다. 연필에 지우개를 붙이거나 라디오에 카세트를 접목시켜 라디오 카세트를 만드는 것처럼 말이다. 가장 많은 발명을 내놓은 것은 이 세 번째 방법이었다. "확률이 가장 높았습니다. 1년 동안 직접 해보고 알았어요." 손정의는 이를 시스템 구조로 바꾸었다. 일단 조합할 수 있는 '상품'을 준비하고 '귤', '못', '메모리' 등 생각나는 대로 사물의 이름을 적었다. 처음은 카드 300장 정도로 시작했다. 그 다음에는 이들 상품에 지수를 붙여 나갔다. 비용이나 신규성, 자신이 그것에 대해서 얼마나 알고 있는지(지식), 발명으로 연결하기 쉬운지 등을 정리해 나갔다. 이런 식으로 총 40개 정도의 지표를 만들었다. 각 지표는 중요도에 따라서 5점 만점, 10점 만점, 30점 만점으로 레벨 정리했다. 그리고 이들을 더하

would happen if stoplight signals were conveyed not via colors, like red, green, or yellow, but via shapes such as a circle, triangle, and a square.

The third approach was the combination approach forged by joining two different things. Simple examples of this approach include attaching an eraser to a pencil, or combining a cassette player with a radio to create a radio-cassette player. Most of Son's ideas came from this third approach. "That approach had the greatest potential. That was my conclusion from doing this for a year." He then created a structured system for this approach. First, he prepared the various "parts" that he could combine. "Orange," "nail," "computer memory card." He thought of as many things he could think of, and wrote them down on cards. He started with about 300. He then assigned each part various index numbers—its cost, novelty factors, how much knowledge he had about the item, how likely it was that it would lead to an invention, etc. There

거나 곱하는 등 합계 지수로 산출했다. 그런 후에 세 가지 상품을 랜덤으로 픽업해서 조합하고 이와 동시에 상품 지수를 곱한다. 점수가 높은 조합일수록 발명하는 데 조건이 유리하고 유망한 것이었다. 조합의 수는 대략 300×299×298÷3=891만 200개. 처음에는 카드로 시작한 아이디어였지만 손정의는 컴퓨터를 활용하기로 했다.

그렇게 점수가 높은 것부터 순서대로 재정렬해 나열한 리스트를 완성했다. 특히 점수가 높은 것에는 별표를 붙였다. 부품을 데이터베이스에 입력해 두고 키만 누르면 양질의 힌트가 자동적으로 나오게 만들었다. 이 단계에서 발명을 시작하면 하루 5분, 하루 한 개를 발명하는 것도 가능해진다. 손정의는 노트에서 컴퓨터로 장소를 옮긴 이 새로운 '아이디어 뱅크'를 자유 과제로 학교에 제출했다. 그리고 담당 교수로부터 A+를 받았다.

"컴퓨터를 창의적인 일creative에

were about 40 of these indices, with varying levels of maximum points (5 points, 10 points, 30 points, etc.) according to their level of importance. The total index number was calculated by adding and subtracting the item's score on each of these indices. Then, he would randomly pick up three parts, and combine them together. At the same time, he would also multiply the total index number of the parts. Combinations with greater results were considered more promising as inventions. The number of combinations was roughly 300 × 299 × 298 / 3 = 8.91 million. He started off using cards, but later decided to use the computer for the same task.

He was able to create a list that would reorder the parts from the highest-scoring to the lowest, marking the particularly high-scoring parts with stars. All he needed to do was input the information into the database, and he could come up with all sorts of crucial insights with just a tap of the keys. If he started from

활용한 사람은 자네가 처음일세." 앨런 케이의 말을 빌리자면 이때 손정의는 '컴퓨터의 미래'를 예측했다. 컴퓨터의 미래를 창조하려고 한 것이다. 컴퓨터는 인간에게 사고를 빼앗는 것이 아니다. 컴퓨터는 인간의 창의적인 능력에 날개를 달아주고 해방시킨다. 현재까지 손정의는 50개 이상의 발명 특허를 보유하고 있다.

there, he could definitely come up with one invention a day, on just five minutes a day. His "idea bank" had moved f rom his notebook to his computer. When he submitted it to the university as an independent project, the professor in charge gave him an A+.

"You're the first person I've seen that's used the computer for something creative." At this point, Son—in the words of Alan Kay—had predicted the future of computers. He was working to create the future of computers. Computers do not rob humans of their ideas. Computers give wings to human creativity, and allow it to take flight. Even now, Son has more than 50 patents for his various inventions—the things he needs to create the future.

100만 달러의 계약
A Million Dollar Contract

3학년에 재학 중이던 손정의는 음성 기능이 탑재된 전자 번역기를 만들었다. 발명하는 방법을 발명했던 '아이디어 뱅크'에서 만들어진 약 250개의 발명 중에서도 그는 단 한 가지로 범위를 좁혀 제품화하는 데 전력을 쏟기로 결심했다. 그때 그가 선택한 아이디어가 바로 '사전×액정 디스플레이×음성 합성 기능'의 조합이었다. 그는 설계도를 그렸다. 액정 디스플레이에 키보드를 달았는데, 문장을 입력하면 9개국 언어로 번역되어 음성으로 흘러나오게 했다. 즉 음성 기능이 탑재된 전

In his third year in UC Berkeley, Son created an electronic translator with a voice function. His "idea bank" invention method had generated approximately 250 ideas. He narrowed them down to just one, and decided to pour all of his energies into turning it into a product. The idea Son chose was the combination of three concepts: "dictionary," "LCD display," and a "speech synthesis feature." He drew up a blueprint. The keyboard would be attached to the LCD display. Type a sentence on the keyboard, and the system would translate the text into

자 번역기였다. 시제품을 만들기 위해서 그는 명석한 두뇌를 모집하는 전략을 세웠다.

"하고자 하면 못할 것이 없습니다." 그러나 '음성 합성 기능을 개발하는 데만 10년, 20년이 걸린다. 인생은 무한하지 않다. 개념은 자신의 것이지만 세세한 부분은 넘버원 스페셜리스트의 힘을 모아야 이룰 수 있다'라고 생각했다. 그는 전화번호가 적힌 노트를 펼친 뒤 한 명 한 명에게 직접 연락을 돌리기 시작했다. 누가 그 최고일까? 손정의가 처음으로 약속을 잡은 사람은 버클리대학 부속 우주화학연구소의 포레스트 모저Forrest Mozer 박사였다. 그는 음성 합성 분야에서 세계적인 권위자였다. 포레스트 모저 박사의 추천으로 손정의는 척 칼슨Chuck Carlson에게 연락했는데, 그는 아폴로 우주선에 탑재했던 컴퓨터 하드웨어의 설계에 참여했던 인물이었다.

이제 최고의 인재들을 어떻게 설득할 것인가? 손정의는 처음에는 자신이 하고자 하는 일에 대해서 열정

nine different languages and read them out loud. It was essentially an electronic translator with a voice function. In creating the prototype, Son's strategy was to hear from the world's top intellects. Son had received As in mathematics, physics, and computer science.

"I knew I could do it myself, some how, if I really wanted to." However, "Just developing the speech synthesis feature would have taken me 10, 20 ye ars. I only have so much time in my life. The idea may have been mine, but I had to gather some of the world's top specialists to work on the details if I wanted to make it a reality." Son looked through his phone directory, and made call after call. Who was the number one person in each field? The first appointment he made was with a physics professor at the UC Berkeley Space Sciences Laboratory named Forrest Mozer, a world-class authority on speech synthesis. At the professor's recommendation, he also contacted Chuck Carlson. Carlson had been involved in the design of the

을 담아 설명했다. 그리고 음성 합성 기능이 탑재된 세계 최초의 컴퓨터를 만들 것이라고 말한다. 당시 그는 이렇게 역설했다고 한다. "성공할지 실패할지 모르지만 일단 힘을 합친다면 뭔가 할 수 있지 않겠습니까? 적어도 세계 최초로 최첨단의 길을 가려는 것이니까요. 당신에게도 좋은 연구가 될 겁니다. 무언가 배울 점도 있을 거고요."

그들에게 돌아온 대답은 '매우 흥미롭다. 하지만 진심인가?'였다고 한다. 손정의는 뒤로 물러서려는 상대방을 붙잡고 늘어졌다. 보수를 제안한 것이다. 제안 내용은 상대방에 따라 달라졌다. 포레스트 모저 박사에게는 성과급, 즉 성과 보수를 제안했다. 척 칼슨의 뒤를 이어서 하드웨어 설계를 담당했던 기술자 헨리 히트더크스Henry Heetderks에게는 시급 50달러. 잡무를 맡았던 동급생 홍 루이Hong Lui에게는 대졸 초임 수준의 연봉 2만 달러를 제안했다.

단도직입적으로 보수를 제안하면 상대방은 놀라면서도 이내 진심

hardware installed in the computer on the Apollo spacecraft.

Now, how to convince these top-level specialists to work with him? First, he spoke passionately about what he wanted to do. "I'm going to create the world's first computer with speech synthesis," he said, with full conviction. "I don't know if I'll succeed, but I believe if we work together we can make it happen," he said. "At the very least, we'll be working on the cutting edge of technology. It will provide very good research material for you as well, and serve as a learning experience."

The response: I see, that seems interesting, but are you really serious about this? Son refused to back down in the face of reluctance. He proposed compensation. This compensation differed according to the individual. Professor Mozer, for instance, would receive a contingency fee based on the success of the product. Henry Heetderks, who took over hardware design after Chuck,

을 알아준다. "당신에게 공부도 되고 세상에 도움도 줄 수 있고 돈도 벌 수 있습니다." 이렇게 말하는 그에게 세계 최고의 인재들이 모여들었고 '내 역할은 무엇이냐?'고 물어온다. 이렇게 자신감을 가지고 설득하는 것이 가장 중요한 일이다.

훗날 나는 포레스트 모저 박사에게 '이 프로젝트를 맡게 된 이유가 무엇이냐'라고 물은 적이 있다. 박사는 전자 번역기라는 아이디어 자체는 별로 특별하지 않았다고 말하며, 이렇게 덧붙였다. "소형화해서 키오스크 등으로 판매하는 판매 전략까지 고려한 것이 마음에 들었습니다." 그리고 드디어 시제품 제작이 시작되었다. 도중에 계획이 늦어진 적도 있었지만 일단 완성에 이르렀다. 손정의는 6개월 동안 대학을 휴학하고 시제품 제작에 몰두했다.

시제품이 완성되자 그는 일본으로 귀국하여 판매에 나섰다. 하지만 대부분의 기업들이 상대도 해주지 않았다고 한다. 그야말로 문전박대였다. 그나마 일본 대형 전자기업

would receive 50 dollars an hour. Hong Liu, a classmate who handled miscellaneous tasks, would be given an annual salary of 20,000 dollars, equivalent to the salary of a new university graduate.

While the direct offer of compensation might have shocked people, it made them realize very quickly that he was completely serious. Son pressed on, "It'll be a learning experience, be good for the world, and will earn you money." And so one by one, each of these top-level specialists began to ask, "What can I do?" The most important part of the process was being confident and persuasive.

Later, I had the opportunity to ask Professor Mozer why he had taken on the project. The idea for the electronic translator itself had not struck the professor as particularly new. "I liked that he was thinking of sales strategy, like miniaturizing it and selling it in kiosks." They began creating the prototype. There were some delays in production, but eventually, it was

인 샤프의 담당 부장과 면담한 것이 성과라면 성과였다. 면담이 끝나자마자 그는 여기저기로 전화를 걸어 샤프에 대해 잘 아는 변리사를 찾았다. 그리고 변리사 사무소를 방문해서 자신이 발명한 시제품의 가치를 물었다. 특허를 낼만 하다는 답을 듣게 되었다. 그렇다면 샤프에서 그와 관련된 일을 하는 사람 중에 주요 인물이 누구냐고 물었다. 그의 이름을 알아낸 손정의는 곧바로 '그 사람에게 자신과 만나야 한다고 전화 좀 해 달라'고 부탁했다. 이렇게 해서 만난 사람이 바로 당시 샤프의 전무 사사키 다다시佐々木正 였다.

당시 샤프와 맺은 라이선스 계약금의 합계는 약 1억 엔(약 9억 7천만 원)이었다. 손정의는 이 계약금을 달러로 환산한 표현을 좋아했다. '100만 달러의 계약'. '100만 달러'에는 환하게 빛나는 후광이 있었다. 젊은 손정의의 마음은 그야말로 100만 달러였다. 부모님이 보내주는 돈에만 의존할 수 없다는 책임감에서 시작된 발명 도전. 그것이 수많은 사람과의

complete. Son took six months off from school, and devoted everything he had to the project.

When the prototype was complete, he went back to Japan to find a buyer. Most of the companies he met with didn't take him seriously. He did sense a bit of interest, however, in his interview with a manager at Sharp Corpolation, a major Japanese manufacturer of electrical appliances. After the interview was over, Son called all kinds of people to find a patent attorney who had experience with Sharp. He visited the patent attorney's office, asked him about the value of his invention, and was told that it would qualify for a patent. He then asked who the decision-maker was at Sharp, and once he got the name, begged the attorney, "Please call this person and tell them they should meet with me." This was how Son wrangled an interview with Tadashi Sasaki, who at the time was a managing director at Sharp.

만남으로 이어졌고 일렉트로닉스 세계의 심부로 그를 이끌었다. 눈물이 흐를 만큼 감동이었던 컴퓨터 칩의 아름다운 세계. 그는 그렇게 그곳으로 커다란 첫발을 내디딜 수 있었다. 그리고 미래에 환히 빛날 자신의 이미지를 새겨 넣었다.

The license agreement that he made with Sharp was worth approximately 100 million yen. Son likes to talk about this number in terms of dollars. "A million-dollar contract." There's a certain ring to "a million dollars." Son, still very much in his youth, felt like a million dollars. His inventions had begun out of a sense of responsibility to his parents—the fact that he hadn't wanted to rely on his parents' allowance. And this had driven him to meet so many people, and brought him deep into the world of electronics. A world where he was so moved by the beauty of a computer chip that it brought him to tears. That was the world he had stepped foot in, and where he imagined for himself now a golden future.

- 대학 시절에 발명했던 전자 번역기(아래 사진). 손정의(윗 사진의 중앙)는 포레스트 모저 박사(오른쪽) 등 세계 일류 인재들과 함께 개발에 참여했다.

제3장
자신을 단련한다

Training the Self

일단 1등이 아니면 싫습니다
I Just Hate Not Being Number One

1987년 10월, 손정의를 처음으로 인터뷰했을 때 나는 그가 했던 말을 지금도 선명하게 기억한다. "일단 1등이 아니면 싫습니다." 손정의는 같은 말을 여러 번 반복했다. "빨리 1등이 되어야 했어요. 1등이 아니면 분해서 참을 수가 없는 성격이라서 하루 빨리 1등이 되길 바랐죠. 보통은 밤에 편하게 자고 싶잖아요?" 그는 흥분된 목소리로 자신의 개인적인 성격 탓이라는 말도 함께 덧붙였다. 나는 1등이 아니면 밤에 잠을 이룰 수 없을 정도로 분하다는 그의 말을 듣고 꽤 놀랐다. 이후 손정의는

It was October 1987, and I was interviewing Masayoshi Son for the first time. I still remember his words very clearly. "I just hate not being number one." He said it, over and over again, his tone agitated. "I want to get to the top as fast as possible. And if I can't get there, it's incredibly frustrating. Fundamentally, there's always this feeling that I have to be number one." Son went on to say that his own drive keeps him up at night. The fact that he would get so mad at himself that he couldn't sleep at night stunned me. The force

경영자로서 '왜 1등이어야 하는지'에 대해서 언급했다. "1등은 시대를 뛰어넘을 수 있습니다. 불황이 닥쳤을 때 망하는 것은 2등, 3등부터예요."

이 인터뷰로부터 6년 전으로 거슬러 올라간 1981년 3월, 그는 후쿠오카시 잣쇼노쿠마福岡市雑餉隈에 시장 조사를 위한 회사를 만들었다. 사무소는 철판 지붕의 2층짜리 목조 건물로 에어컨도 없는 5평짜리 방 하나가 전부였다. 안에서는 선풍기 바람에 서류가 이리저리 날아다니곤 했다. 이 회사는 시장 조사를 하청받아서 돈을 벌려는 목적으로 세운 것이 아니었다. '일을 이룬다'라는 높은 의지를 가지고 어떤 분야를 처음으로 공략해야 할지를 고민하기 위해 만든 회사였다. 사업을 시작하기 위한 기초, 즉 오로지 시장 조사만을 위해 직원과 아르바이트를 고용했다.

당시 회사에는 이렇다 할 이익이 없었다. '일본에서 1등이 될 만한 비즈니스는 무엇인가?' 손정의의 머릿속에는 여러 개의 조건이 있었다. 미

of Son's agitation seemed key to his personality. Son went on, discussing why he had to be number one as a businessperson. "When you're number one, you can endure over the long-term. When there's a recession, it's always the number twos and threes that go out of business first."

Six years before the interview, in March 1981, Son had established a company for market research in Zasshonokuma-machi in Fukuoka City. The office was in a wooden two-story building with a tin roof, and the room was about the size of ten tatami mats, or 180 square feet, with no air conditioning. The air from the floor fan sent papers flying. The company was not making money from market research. His ambitions were much higher than that. He wanted to accomplish something great and was using the company to think about what fields would be best for him to go into. He hired full-time and part-time employees just to conduct market research and prepare for setting up his

래에 성장해 나갈 업계, 앞으로 50년 동안 몰입해서 추진해 나갈 수 있는 것, 미래에 반드시 기업 그룹의 중심이 될 것, 누구도 생각하지 못했던 독특한 비즈니스 같은 조건들이었다. 늦어도 10년 이내에 적어도 일본 안에서는 최고가 되어야 하고 사람들을 행복하게 만들 수 있는 것, 20세기 후반 이후부터 세상을 도약할 수 있는 조건이어야 했다.

최종적으로 40개 업종이 후보로 뽑혔다. 그 40개 업종에 대해서 시장 조사를 한 서류 묶음만 해도 각각 1미터 이상은 되었다. 전부 쌓아올리면 높이가 40미터는 훌쩍 넘을 정도였다. 그는 모든 서류를 꼼꼼하게 읽고 사업 계획안을 작성했다. 그리고 그 분야에서 일하고 있는 일본 제일의 전문가들을 찾아냈다. 찾아내면 곧바로 전화를 걸어서 약속을 잡았다. 자신의 사업 계획에 유효성이 있는지 묻고 싶었던 것이다. 이동 시간조차 아까웠기에 항상 후쿠오카까지 방문해 달라고 부탁하며 그들에게 경비는 물론 사례금도 아낌

actual business.

As a company, there was no profit. "What business could be number one in Japan?" Son had already settled on a series of requirements. It had to be an industry that would grow in the future, that he could devote his life to for the next 50 years, that could act as the core of a corporate group. A unique business that no one else would think of, that would be number one in Japan in 10 years or less. A business that would make people happy, that would succeed globally in the latter half of the 20th century.

He narrowed the field down to 40 businesses. The market research for these 40 businesses was organized into stacks of papers, each stack more than one meter tall. Stack them all up, and the pile would have been over 40 meters tall. Son read all the documents, wrote up tentative business plans for each business, and looked up the number-one experts in each field in Japan. Once he found them, he would call them and make

없이 지불했다.

손정의는 귤 상자를 뒤집어 연설 단상을 만들고 그 위에 올라서서 직원과 아르바이트생에게 열심히 설명했다. "매출은 5년에 100억, 10년에 500억." "언젠가 두부를 세듯이 매출을 잇쵸(한 모), 니쵸(두 모)라고 세고 싶습니다."(일본어로 한 모, 두 모를 나타내는 잇쵸一丁, 니쵸二丁의 발음이 숫자 단위인 '1조, 2조'와 같은 데서 착안한 것이다. 매출을 조 단위로 셀 만큼 회사를 크게 키우고 싶다는 포부를 나타낸다. -역주) 처음에는 단 두 명의 직원이 조용히 그의 말을 들었다. 하지만 귀에 딱지가 앉을 정도로 매일 듣고 있자니 참을 수가 없었던 모양인지 머지않아 그 둘은 회사를 나가버렸다. 시장 조사 회사를 설립하고 반년이 지난 9월, 그는 일본 소프트뱅크(현 소프트뱅크 그룹)를 설립했다. 컴퓨터용 패키지 소프트 유통 사업을 시작한 것이다. 이듬해인 1982년에는 컴퓨터 관련 출판 사업에도 뛰어들었다.

창업한 지 25년이 지난 2005년.

an appointment. He wanted to ask them if his business plans were realistic. He didn't have much time to spare, and so he would always ask them to come to Fukuoka. He would pay for their fees, including their travel fees, and even pay them a gratuity. And he listened to their opinions.

He made a podium out of a card board tangerine box, stood on top of it, and delivered a rousing speech to his employees. "Our sales will be 10 billion yen in five years, 50 billion yen in 10 years." "Eventually we want to start counting in trillions." At first, the two employees listened in silence. But over time they grew tired of Son's pronouncements, and both eventually quit. In September, six months after setting up his market research company, he established SOFTBANK Corp. Japan (current SoftBank Group). It was a distribution business for PC packaged software. In 1982, the following year, the company entered the publishing business, publishing computer-related literature.

소프트뱅크의 연결 매출액consoli dated sales은 1조 엔을 넘어섰다. '언젠가 두부를 세듯이 매출을 세겠다'라는 목표를 드디어 실현한 것이다. 그는 "1등이 되면 눈에 보이는 경치가 다르다"라고 말했다. 비즈니스를 한다면 항상 최고를 목표로 삼아야 하며, 그렇지 않으면 비즈니스를 하지 말아야 한다고도 이야기했다. "1등이 아니면 큰 영향력을 가진 흐름을 만들 수 없습니다."

"거듭해서 점유율을 업계 1등으로 유지하고 거기서부터 확장시켜 나갑니다. 이것이 진정한 왕도 중의 왕도입니다." "자신이 잘할 수 있고, 해야 한다고 생각한 분야에서는 반드시 1등이 되겠다고 결심하고 결심했다면 끝까지 해내야 합니다." 오늘도 넘버원을 향한 그의 열의는 조금도 식지 않았다.

25 years after its establishment, in FY 2005, SoftBank's total sales broke one trillion yen. Son had achieved his dream of "counting in trillions." "The landscape looks different when you become number one," said Son. When you do business, he says, you always have to strive for the top. If not, you shouldn't be in it at all.

"If you're not number one, you can't create these giant, influential waves of change." "Get number one shares in a lot of fields, then expand from there. This is truly the road to success." "When you're in a field where you think you can do it, you think you can make it, you have to decide that you're going to be number one. And once you've made that decision, you have to work as hard as you can to make it true." Son's passion for being number one has not diminished in the slightest, even today.

- '언젠가 두부를 세는 것처럼 매출을 세고 싶다'라고 말하는 손정의의 모습.

믿어준 사람들을
배신하고 싶지 않습니다
Benefactor Gratitude Day

손정의가 "모든 일은 선생님과의 만남에서 시작되었다"고 말하며 칭송하는 인물이 있다. 바로 샤프의 부사장을 지낸 사사키 다다시다. 2018년 1월 31일, 사사키 다다시는 향년 102세의 나이로 타계했다. 그때 손정의가 보낸 애도문은 이렇다. "창업 전에 사사키 다다시 선생님과의 만남이 없었다면 지금의 저와 소프트뱅크는 존재하지 않았을 것입니다. 선생님은 저와 소프트뱅크만의 은인이 아니라 일본의 첨단 전자 기술의 기초를 닦으신 위대한 분이시며, 일본이라는 한 나라의 은인이십니다."

"It all started when I met him," Son says. He is talking about Tadashi Sasaki, former senior managing director of Sharp. When Sasaki passed away on January 31, 2018, at the age of 102, Son wrote a eulogy. "If I hadn't met him before starting the company, neither I nor SoftBank would have gotten where we are today. He was not only a benefactor to me and to the company—he was a great man, one who built the foundation for advanced electronic technologies in Japan, and a great benefactor for Japan as a whole."

His first encounter with Sasaki goes all the way back to when Son was

사사키 다다시와의 만남은 그가 아직 캘리포니아대학교 버클리 캠퍼스에 재학하고 있었을 때의 일이다. 때는 1977년으로 거슬러 올라간다. 손정의는 아르바이트를 대신해서 '하루에 5분만 투자해 월 100만 엔 이상의 수익을 낼 수 있는 일이 없을까?'라는 생각으로 발명 아이디어를 고안했고, 이를 계기로 음성 기능 전자 번역기가 탄생했다. 이때 이 번역기의 라이선스 계약에 100만 달러를 지불하기로 결정한 사람이 바로 당시 샤프의 전무였던 사사키 다다시였다.

손정의는 소프트뱅크를 창업하기 이전에 처음으로 큰돈을 벌 수 있었다. 오사카에서 사사키 다다시 전무와 계약을 마무리한 그는 버클리 캠퍼스로 돌아왔다. 그리고 곧이어 인베이더 게임기를 일본에서 미국으로 수입하는 비즈니스를 성공시켰다. 또 게임 센터를 매수하고 면밀하게 사업 계획을 세워 일회계daily accounting를 실천하며 한 달 만에 매출을 3배로 끌어올리기도 했다.

still a student at UC Berkeley, in 1977. Instead of working a part-time job, Son had decided to try to "find a job where I'd make over a million yen a month on just five minutes a day." And so he began coming up with inventions, eventually developing an electronic translator with a voice function. Sharp, a major Japanese electronics manufacturer, paid a million dollars to license the product. And it was Sasaki, who was Senior Managing Director at the time, who served as Son's contact at Sharp.

This was before Son had founded SoftBank, and the first time he had acquired such a significant amount of money. After concluding his business negotiations with Sasaki in Osaka, Son returned to Berkeley, and found success with a business importing Space Invader arcade machines to the U.S. from Japan. He went on to buy out an arcade, setting up a detailed business plan and implementing daily accounting, ultimately tripling sales over the course of a month. Son's

학생 기업가로서 매우 성공적인 시작이었다. 이 일들이 소프트뱅크 그룹의 초석이 되었고, 그 출발 지점에 사시키 다다시가 있었다.

손정의의 진가를 진즉에 알아본 사사키 다다시는 소형 전자계산기의 개발자로 유명한 엔지니어였다. 대만에서 자랐고 일본 교토 데이코쿠 대학京都帝国大学에 진학했다. 졸업 후에는 당시 가와니시 기계 제작소川西機械製作所에서 근무했고, 전쟁을 겪던 시기에는 군의 지시에 따라 레이더 개발을 위해 독일로 건너갔다. 전쟁이 끝난 후에는 연합국 최고사령부(GHQ)의 지령을 받고 미국에서 진공관 성능 향상과 트랜지스터 개발을 도우며 많은 것을 배우고 익혔다. 이후 샤프에 입사하여 회사라는 울타리를 뛰어넘어 후진을 지원하고 양성하는 일에 힘썼다.

라이선스 계약 이후 손정의와 사사키 다다시의 친분은 꾸준히 이어졌다. 손정의가 캘리포니아대학교 버클리 캠퍼스에서 공부하는 동안 사사키 다다시는 2~3개월에 한 번씩

success as a student start-up founder marked the beginning of the SoftBank Group. And it was Sasaki who had been there for him, from the very beginning.

Sasaki, who had seen the potential in Son early on, was an engineer known for his development of the pocket calculator. He was raised in Taiwan, and had studied in Kyoto University. After graduating, he began working for Kawanishi Machine Works, Ltd., traveling to Germany under military orders during the war in order to help develop a radar. After the war, he learned how to develop transistors and improve the performance of vacuum tubes in the U.S., under the directive of the GHQ (General Headquarters), and later began working for Sharp. His support for his juniors, however, extended beyond the scope of his company, with even Steve Jobs referring to him as a mentor.

Son and Sasaki's friendship continued. While Son was in Berkeley, Sasaki would meet with him for dinner

미국을 방문했는데 그때마다 둘은 함께 식사 자리를 가지며 친분을 이어나갔다. 일본 소프트뱅크(현 소프트뱅크 그룹)를 창업한 후에도 사사키 다다시는 2~3개월에 한 번씩 도쿄를 방문할 때마다 손정의를 식사에 초대했다. 그는 사업이 어려울 때든 그렇지 않을 때든 한결같은 모습으로 손정의에게 극진하고 정중한 조언을 아끼지 않았다고 한다.

손정의의 애도문은 이렇게 이어진다. "사사키 다다시 선생님의 '공창共創(함께 하는 번영과 창조) 철학'은 여전히 소프트뱅크에 뿌리 깊게 자리 잡고 있습니다." 사사키 다다시는 발명은 천재의 '독창성'에 의해서 탄생한다고 생각하지 않았다. 이전 시대의 사람이 남긴 토대가 있고 그 위에 동료와 절차탁마하며 흘린 노력이 더해져야 비로소 위대한 발명이 탄생한다고 믿었다. 손정의는 이런 '공창' 사상을 물려받아 뜻깊게 이어나가고 있다.

"지금까지 아낌없이 베풀어 주신

every time he visited the U.S., about once every two or three months. Even after Son established SOF TBANK Corp.Japan (current SoftBank Group), Sasaki would call him for dinner every two or three months, every time he was in Tokyo. Sasaki's advice was always consistent, always kind and thorough, regardless of how well Son's business was doing.

Son's eulogy went on as follows. "Mr. Sasaki's philosophy of 'co-creation' lies deep at the heart of SoftBank, even today." Sasaki didn't believe that inventions were the product of one genius and his or her individual creativity. He believed that there was a foundation, built by our predecessors, upon which you engaged in friendly competition and rivalry, and that this was the key to great inventions. This spirit of "co-creation" has been passed down to Son.

"I would like to express my heartfelt gratitude for all of the generosity he has shown to me over the years,

은혜에 깊이 감사드리며 삼가 고인의 명복을 빕니다."

and extend to you my deepest condolences."

◆◆◆

◆◆◆

"경험도 전무하고 지식도 없었습니다. 처음에는 오로지 의지만 있었습니다." 거기에 누구에게도 지고 싶지 않은 강인한 정신력과 열정이 더해져 손정의는 많은 사람을 매혹시켰다. 일본 소프트뱅크를 설립했던 1981년부터 이듬해인 1982년은 손정의에게 가장 힘들었던 시기였다. 이때 그에게 손을 내밀어준 사람들이 있다. 손정의는 그때의 고마움을 잊지 않기 위해 매년 5월 황금연휴 사이의 평일을 '은인 감사의 날'로 정했다. 그 후 창립 기념일을 대신하여 소프트뱅크 그룹의 축일로 그날을 기념하고 있다. 그는 회사를 안정적으로 키워나갈 수 있었던 것은 은인들의 도움과 협력 덕분이라고 말하며 그때를 되돌아보면 소프트뱅크 그룹 초창기의 열의가 되살아 난다고 했다.

1981년 손정의는 후쿠오카에서

"No experience. No knowledge. All I had in the beginning was ambition." On top of ambition, Son also had passion and a strong, unmatched intellect that drew many people to him. There were many people who gave him a helping hand between 1981, when he first set up SOFTBANK Corp. Japan, and the following year, when the company went through tough times. In order to remind himself of how he felt at the time, Son established a Benefactor Gratitude Day on the weekday between national holidays in May, making it an official holiday for the company. In his mind, this day is just as important as the anniversary of the company's founding. Look back on the company's benefactors and the extent of their support, and you can feel again the passion that drove the very early stages of the SoftBank Group.

Other key benefactors include:

방대한 조사를 끝으로 '일본 제일의 소프트웨어 유통 회사를 만들겠다'라는 목표를 세웠다. 그런 그의 꿈에 제일 먼저 동행한 사람이 바로 나이가이 데이터 서비스內外データサービス의 영업부장이었던 시미즈 요조였다. 당시 오사카에서 개최된 일렉트로닉스 쇼에 일본 소프트뱅크 부스가 참가하기로 했는데, 바로 그때 자사 소프트를 출전시키로 결정했던 1호 벤더vendor(판매 회사)였다. 가와시마 마사히데川島正英는 시미즈 요조의 친구로 당시 아사히신문의 논설위원이었다. 손정의를 정재계, 언론, 학회 등의 주요 인사들과 연결시켜준 인물이기도 하다.

손정의는 컴퓨터 보급을 추진하기 위해 1981년 포켓 컴퓨터 프로그램 모음집《포켓 컴퓨터 라이브러리》를 전국 서점에서 판매하고자 마음먹었다. 하지만 출판 업계에 대해 아는 것이 없었기에 접근이 쉽지 않았다. 그때 사사키 다다시의 도움으로 도쿄 아사히야 서점의 상무였던 다나베 아키라田辺聰와 만날 수 있었

Yozo Shimizu. Son set up SOFTBANK Corp Japan in 1981 after an enormous amount of research, and after deciding he would "create Japan's number one software distribution company." The first to believe in Son's dream was Shimizu, who at the time was a sales general manager for NAIGAI data services. He became Son's first vendor, supplying his company's software to SOFTBANK Corp. Japan booth at an electronics show in Osaka. Masahide Kawashima. He was a friend of Shimizu, and at the time an editorial writer at Asahi Shimbun. He helped connect Son to leaders in the worlds of politics, business, mass media, and academia.

Akira Tanabe. In 1981, when Son was looking to start a publishing business in order to bolster the popularity of PCs, he had come up with the idea to sell the "Pocket Computer Library," a collection of pocket computer programs, at bookstores all over the country. Son, however, did not have any knowledge of the publishing industry. With

다. 그는 만나자마자 '중개 혹은 에이전시'라고 불리는 서점 전문 도매회사를 소개해 달라고 부탁했다. 그런 손정의의 부탁에 놀라움을 금치 못하면서도 응해준 은인이다.

조구 히로미쓰浄弘博光는 1981년 일본 최대 컴퓨터 전문점 'J&P'(현재 J&P 테크노랜드)를 오사카에 상륙시킨 조신 전기上新電気의 사장이다. 소프트웨어를 사입하는 데 일본 소프트뱅크와 독점 계약을 맺겠다는 대담한 결단을 내려준 인물이다. 후지와라 무쓰로藤原睦朗는 조구 히로미쓰의 참모로 당시 제1 판매부장이었다.

구도 유지工藤裕司와 구도 히로시工藤浩 형제는 수많은 인기 소프트 게임을 만들어낸 허드슨Hudson의 사장과 전무다. 일본 소프트뱅크에 자사 소프트를 독점으로 공급했고 그 대가로 예탁금 3,000만 엔을 요구했다. 고키타니 마사유키御器谷正之는 일본 제1 권업은행 고지마치 지점의 지점장이다. 1982년 허드슨에 3,000만 엔을 지불하고 운용 자금

Sasaki's help, he was able to meet with Tanabe, who was managing director at Tokyo Asahiya Bookstore, and ask him to get him in contact with a "publishing agency," or a distributor that specialized in bookstores. Tanabe, surprisingly, did so —becoming a benefactor of the company in the process.

Hiromitsu Jogu. At the time, in 1981, he was the president of Joshin Denki, having set up Japan's largest PC store, "J&P" (current J&P Technoland),in Osaka. He made the dramatic decision to make SOFTBANK Corp. Japan the sole supplier of their software. Mutsuro Fujiwara was one of Jogu's officers, and at the time a manager of sales at Joshin Denki,

Yuji Kudo and Hiroshi Kudo— brothers who served as president and managing director, respectively, at Hudson, which had produced a number of popular games. They agreed to provide their games exclusively to SOFTBANK Corp.

이 바닥난 소프트뱅크가 무담보 무보증으로 융자를 받을 수 있도록 적극적으로 도와준 인물이기도 하다. 실제로 사사키 다다시의 입김이 작용하기도 했다.

오우치 아쓰요시大內淳義는 같은 해인 1982년 컴퓨터 잡지에 이례적인 텔레비전 광고를 내놓겠다고 결심한 손정의에게 텔레비전 광고에 필요한 절반 금액인 3,000만 엔(약 2억 9천만 원)을 지원한 일본 전기(NEC)의 부사장이다.

손정의가 이들을 매혹시킬 수 있었던 이유는 '인생을 긍정적으로 바라보는' 삶의 방식에 있었다. 손정의는 "인생은 참으로 멋지다! 1분, 1초도 낭비하고 싶지 않다. 모든 것에 감사하고 싶다"라고 당당히 말하며 언제나 빛나는 웃음을 보였다. 그들은 그런 한결같은 모습에 감동을 받은 것이다. 손정의 또한 이들에게 보답하고자 열심히 노력했다.

"저를 믿어준 사람들의 신념을 배

Japan, in return for a 30 million yen deposit. Masayuki Gokitani, manager of the Kojimachi branch of The Dai-Ichi Kangyo Bank, Ltd. In 1982, when SoftBank paid Hudson the 30 million yen deposit and subsequently ran out of working capital, he did everything he could to get the company financing through collateral-free conventional loan. Sasaki putting in a good word helped too.

Atsuyoshi Ouchi. Vice president of major electronics company NEC Corporation. Provided SOFTBANK Corp. Japan with 30 million yen, half the price of TV commercial slots, after Son decided, in 1982, to create a TV commercial—something that was rare for PC magazines.

What had drawn them to Son was Son's positive attitude toward life. "Life is so incredibly amazing! I don't want to waste a second of it. I want to be grateful for everything," declares Son with a bright smile. This kind of tenaciousness could sway anyone. And

신하고 싶지 않습니다." 그에게는 앞으로도 수많은 사람과의 만남이 있을 것이고 계속해서 도전할 것이다. "끊임없이 도전하는 것 자체가 매우 행복한 일이라고 생각합니다. 항상 새로운 것을 향해서 나아가는 인생이 참으로 멋지지 않습니까? 그야말로 통쾌함 그 자체죠."

Son, in turn, has worked to give back to the people who have helped him.

"I won't betray the people who have believed in me, and their faith in me." He has met many people, and challenged himself to many things. "For me, the happiest thing in the world is continuously finding new challenges. Life is marvelous when you're constantly aiming for new things. It's incredible."

똑똑하기만 해서는 안 됩니다
Just Being Smart Is Not Enough

노다 가즈오野田一夫는 일본어로 처음 번역된 피터 드러커Peter Ferdinand Drucker의 《경영의 실제 The practice of management》 감수자로 유명한 경제학자이다. 손정의가 도쿄 아카사카東京赤坂에 위치한 그의 사무실을 처음 방문한 것은 1982년 그의 나이 24세 때였다. 창업한 지 얼마 되지 않았던 시기이다. 노다 가즈오는 당시 손정의에게 받은 인상을 이렇게 기억하고 있다. "작은 몸집에 지금과 똑같은 모습으로 해맑게 웃는 참한 청년이었어요." 당시 노다 가즈오의 사무실에는 젊은

Kazuo Noda is a business scholar, also known for being the general editor for the first Japanese translation of Peter Drucker's The Practice of Management (1956, published by Jiyukokuminsha). It was 1981 when Son first visited his office in Akasaka, Tokyo. Son was 24 years old, and had just established his company. Son left a vivid impression on Noda. "He had a small stature, and was a nice young man with the same smile he has now." At the time, Noda's office had the air of a management school, with young entrepreneurs visiting often to debate amongst one another. These members

경영인들이 자주 찾아와 토론을 벌이곤 했다. 흡사 '경영 학원'과 같은 분위기였다고 한다. 그곳에 자주 모이던 멤버 중 훗날 손정의와 함께 '벤처 삼총사'라 불렸던 HIS[1]의 사와다 히데오澤田秀雄(현재 회장 겸 사장), 파소나 그룹[2]의 남부 야스유키南部靖之(현재 대표)도 있었다.

어느 날, 노다 가즈오는 이들에게 "의자와 꿈의 차이를 아느냐"고 물었다. 그는 "꿈은 자동차를 사고 싶다, 집을 갖고 싶다 같은 바람이지만 의지는 미래를 위한 진정한 도전이다. '꿈'을 쫓는 사람은 되지 말라! '드높은 의지'를 추구하는 인간이 되어라!"라고 설파했다. 손정의는 이 말을 가슴 깊이 새겼다. 또한 노다 가즈오는 손정의에 대해 이렇게 회상했다. "손정의는 밝게 빛나는 사람이었지만 그에게는 다른 사람을 압도할 만한 분위기는 느껴지지 않습니다. 일단 풍채가 그리 크지 않았으니까요. 하지만 대단한 실적과 결과를 계속 내고 있었음에도 불구하고 항상 겸손했고, 쉬지 않고 계속

included two people that would later, alongside Son, be referred to as the "Three Musketeers of the Start-Up World": Hideo Sawada of HIS[1] (current Chairman & President) and Yasuyuki Nambu of Pasona Group[2] (current Representative Director).

Noda once asked them, "Do you know the difference between an aspiration and a dream?" "Dreams are about desire, like 'I want this car,' or 'I want to own a house,' but an aspiration is a serious challenge you want to undertake towards the future. Don't be the kind of man that chases your dreams! Be the kind of person that continues to have and chase high aspirations," he said. Son etched these words deep within his mind. "Son is a bright and influential person, but he doesn't really have an overwhelming personality, and he's not particularly elegant either. And yet, even after all the success he's had, he has always remained humble," Noda observed. Son is always friendly and humble, no matter who he talks to, and mo

그것을 이어나갔죠." 그는 누구에게든 겸허한 자세로 임했고 붙임성이 좋았다. 이는 손정의의 본질적인 성격인데, 그를 만나보면 많은 사람이 그렇게 느낄 것이다.

그는 이것이야말로 손정의가 험난한 비즈니스 세계에서 성공할 수 있었던 가장 큰 비결이 아니었을까 생각한다. 기업가를 꿈꾸는 수많은 젊은이를 지켜봐 온 경영학자는 '진품'을 꿰뚫어 보는 안목의 소유자이기도 하다. 노다 가즈오는 나에게 이렇게 말했다. "손정의를 한마디로 표현하자면 그의 이름대로 저스티스(정의) 맨입니다." 그는 들뜨지 않고 차분하며 강한 의지로 매진한다.

창업한 지 얼마 되지 않은 일본 소프트뱅크(현 소프트뱅크 그룹)에 1982년에 입사하여 출판 사업부 책임자로 상무까지 지낸 하시모토 고로橋本五郎는 나에게 가장 인상에 남는 손정의 말을 들려주었다. "고로짱(하시모토 고로의 애칭), 똑똑하기만 한 사람이 있고 우직하게 무슨 일이든 이뤄내는 사람이 있어. 자네는 둘

st people who encounter him are probably left with that impression.

Noda theorizes that this, in fact, is the greatest secret behind Son's success in the cut-throat world of business. As a business scholar who has witnessed many young people striving to be entrepreneurs, Noda has the ability to discern genuine capability. Noda said to me, "If you were to describe Son in one word, it would be— just as his name suggests —justice." There is nothing about Son that is frivolous, superficial. He marches forward, aiming high.

Goro Hashimoto began working for SOFTBANK Corp. Japan (current SoftBank Group) in 1982, soon after its establishment, and worked his way up the ladder, eventually becoming the manager of the Publishing Business Division. Before his death, Hashimoto relayed Son's most memorable comment to him. "Goro-chan (Hashimoto's nickname), which would you choose—a person who's just smart, or a person who's simple and honest,

중에서 어느 쪽을 택하겠나? 나는 망설임 없이 후자를 택할 건데."

하시모토 고로는 '우직하게 무슨 일이든 이뤄내는 사람을 택한다'라는 손정의의 말에 위로와 격려를 받으며 더욱더 일에 정진할 수 있었다고 고백했다. 각자의 사정으로 소프트뱅크 그룹을 떠난 사람도 있지만 이들 대부분은 밝은 표정으로 이렇게 말해주었다. "물론 소프트뱅크에서 일했을 때 무척 힘들긴 했어요. 여러 번 질책을 받은 적도 있고요. 하지만 제가 성실하게 일하고 있으면, 그것만큼은 꼭 알아줬습니다."

손정의는 기회가 있을 때마다 이렇게 말했다. "똑똑하기만 해서는 안 됩니다. 무슨 일이든 우직하게 끝까지 파헤쳐 나갈 수 있어야 합니다. 그렇지 않은 사람은 성장할 수 없습니다."

and always sees everything through? I would definitely choose the latter."

"Goro-c han" noted that S on 's observation was inspiring and enabled him to apply himself at work. There are of course people who left the SoftBank Group for a variety of reasons. Many of them, however, look back fondly on their time there. "I mean, it was hard [while I worked there], and [Son] yelled at me a bunch of times. But as long as we were honest and sincere, he was always understanding."

Son, at times, will repeat these words. "Just being smart is not enough. You have to dig deep and be extremely honest with yourself, or you will not grow as a person."

1 HIS: 1980년에 사와다 히데오가 설립한 일본 대형 여행사(설립 당시의 회사명은 인터내셔널 투어즈). 2018년 10월기 연결 매출액은 7,285억 엔.

2 파소나 그룹: 1976년 남부 야스유키가 설립한 일본 대형 인재 회사(설립 당시의 회사명은 템포러리 센터). 2019년 5월기 연결 매출액은 3,269억 엔.

1 HIS: Japanese travel agency established by Hideo Sawada in 1980 (International Tours at time of establishment). Their consolidated sales in October 2018 was 728.5 billion yen.

2 Pasona Group: Major Japanese HR company established by Yasuyuki Nambu in 1976 (Temporary Center at time of establishment). Their consolidated sales in May 2019 was 326.9 billion yen.

- 젊은 시절의 손정의.

승률이 70%일 때는 돌입하라
Proceed at 70% Success Rate

손정의는 20대에 '손의 제곱 병법 孫の二乗の兵法'이라는 것을 만들었다. '손자병법孫子兵法'에 자신의 지론을 더해서 가로 5칸, 세로 5칸의 정사각형 문자판에 한자 25자를 써넣은 것이다. 이는 손정의의 전략론이자 인생철학이며 경영철학으로 통한다. 그중에서도 손정의의 독창성이 가장 강하게 녹아있는 것이 '정정략칠투頂情略七鬪'로 그의 비전을 잘 드러내고 있다.

'정頂'은 지향해야 할 장소다. 비전 그 자체라고 바꾸어 말할 수 있다.

Son created "Son's Art of War, Squared" in his twenties. Inspired by The Art of War, the classic Chinese military treatise by Sun Tzu, Son's strategy is summed up 25 Kanji characters on a 5x5 grid, with one character in each grid. This strategy is Son's life philosophy, with deep roots in his business philosophy as well. Of this strategy, the part that most strongly reflects his originality is "頂情略七鬪." A line that encompasses his vision.

The Kanji character "頂" (cho) means summit, and in this case means goal,

"자신이 정복해야 할 산을 정했다면 인생의 절반은 정해진 것입니다. 승리의 절반이나 정해진 것이죠. 비전은 매우 중요합니다. 어디를 향해서 나아갈 것인지, 비전을 명확하게 정해야 합니다. 10년 후에는 이렇게 될 것이다, 30년 후에는 이렇게 될 것이다, 명확한 기한을 정해야 해요. 그리고 그때의 모습을 철저하게 그려봅니다."

'정情'은 정보를 뜻한다. 정보를 수집하고 분석한다. "정보를 수집해서 비전을 그립니다. 다 그리고 나면 그것이 정말로 옳은지 따져보면서 꼼꼼한 정보 수집과 분석을 거치는 거죠." 손정의는 신규 사업이든 투자든 행동으로 옮기기 전에 반드시 철저하게 정보를 수집하고 파악했다.

'략略'은 전략이다. "죽을 만큼 생각에 생각을 거듭해서 쥐어 짜낸 것이 전략입니다."

'칠七'. 손정의는 '7'이라는 숫자를 '키 넘버'라고 불렀다. "그것이 9, 즉

or destination—vision, in other words. "You decide the mountain you're going to climb, and that alone determines half of your life, half of your victory. Vision is extremely important." "You have to make clear where you want to go, what your vision is. I want things to be like this in 10 years, 30 years. You have to have concrete time limits, and have a vivid vision of what things will look like when you get there."

"情" (jyo) means information — specifically, the collection and analysis of information. "You gather information, then set your vision. Once your vision is decided, you collect and analyze information very carefully and thoroughly, so you can see whether your vision is correct." This applies to new businesses as well as investments. For every single business move he makes, Son goes through a thorough check and analysis of the information available to him.

"略" (ryaku) means strategy. "Strategy is what's left after you've thought

90%라고 해서 좋은가 하면 그렇지 않아요. 90%의 확률이 될 때까지 준비만 하다가 진짜로 움직여야 할 때를 놓치는 경우도 많거든요. 적(경쟁사)도 준비가 됐다는 거죠. 따라서 너무 늦어지지 않도록 약간 이른 감이 있을 때 공략에 나서야 합니다." 그렇다고 빠르면 빠를수록 좋을까? 그렇지도 않다. "50%나 60%의 승산이 있는 단계에서 일을 시작한다면 하늘에 운을 맡길 수밖에 없습니다." 바로 여기에서 손정의 병법이 탄생한 것이다. "이런 이유에서 승률이 70%일 때 돌입해야 합니다." 이 7이라는 숫자는 그 이면에 존재하는 3의 의미까지도 포함하고 있다. 그것은 바로 퇴각할 용기이다.

손정의는 '생각에 생각을 거듭한 끝에 나온, 집념이 담긴 70%'라고 말한다. 이때 30% 이상의 위험을 무릅써야 한다. 만일 실패하더라도 쏜살같이 도망치면 전멸은 피할 수도 있는 때이다. 그는 '도마뱀의 꼬리도 30% 정도만 잘리면 다시 자라난다. 하지만 절반이 잘려나가면 내

everything through as much as you can and only have the essentials."

And then "七" (shichi) which is the number seven in Japanese. "Seven is a key number," said Son. "If this were nine, or 90%, it wouldn't work as well. When you wait around preparing until you have a 90% success rate, it's often too late. Your enemies are preparing too. To make sure you don't fall behind, you have to go for it sooner, a little sooner than the others." But this doesn't mean sooner is always better. "Charge in when you're still at a 50-60% success rate, and it's very risky, an all-or-nothing situation." And so Son's strategy was born. "That's why it's good to proceed when you have a 70% success rate." The number seven also implies a message about the number three—which is how Son quantifies the courage to retreat.

"That 70% has to be a very, very determined 70%—a 70% you get to after you've thought everything through," says Son. His strategy says that you

장이 손상되어 죽는다. 이와 마찬가지다'라고 설명했다.

퇴각할 때는 싸울 때보다 더 많은 10배의 용기가 필요하다. 브레이크가 들지 않는 자동차, 후진이 불가능한 자동차는 얼마나 위험한가? "고집을 부리며 퇴각하지 않는 사람은 리더가 되어서는 안 됩니다!" 또 손정의는 이렇게도 말했다. "도망칠 땐 수치심도 느낄 새 없이, 남들이 하는 뒷담화도 전혀 개의치 말고 쏜살같이 도망쳐야 합니다. 고집을 부리며 싸워서는 안 됩니다."

얼핏 손정의가 대담한 도전을 좋아하고, 비스니스에서 모험과 도박을 즐기는 것처럼 보일지도 모른다. 하지만 실제로 앞서 언급했던 5자 중 마지막 결론은 '鬪'의 정신이다. 고매한 이상을 품고 정보를 수집하며 면밀하게 전략을 세워서 70%의 승률을 확신했더라도, 일단 싸우지 않고서는 일을 이룰 수 없다. 손정의는 언제나 목숨을 걸고 싸운다. 하지만 실제로 매우 주의 깊고 신중하

shouldn't go into a venture that has more than 30% risk. At this level of risk, you can run away when you fail, and not lose everything. "A lizard can lose about 30% of its tail and it'll grow back. But if a lizard loses half of its tail, its organs are damaged and it dies. It's the same concept," explains Son.

He also says it takes ten times more courage to retreat than it does to fight. Think about how dangerous a car without brakes would be, or a car that isn't able to back up. "People who grab stubbornly onto things and can't retreat should not be leaders!" Son also said, "When the time goes, run away as fast as you can, without fear of embarrassing yourself or what other people might think. Just retreat! You shouldn't continue a fight just because you are too stubborn to leave."

Son's reputation is that of a risk-taker, who takes on incredible challenges and who seems to prefer adventure and gambles in his business

게 움직인다. 손정의의 동생이자 기업가이며 투자가이기도 한 손태장은 형의 행동 원리를 절묘한 비유로 이렇게 설명했다.

"형은 매우 신중한 사람이에요. 가령 돌다리를 건너기 전에 '이래도 안 무너지겠지?', '건너다가 무너지지는 않겠지?'라고 생각하며 여러 번 두들기는 사람입니다. 하지만 아직 건너지 않았더라도 일단 건너기로 결심하면 덤프트럭을 타고 건너요."

손정의는 말한다. "고집으로 일하는 사람은 바보입니다." "퇴각할 수 없는 사람은 바보입니다." "퇴각할 수 없는 사람은 구차한 사람입니다." 그리고 웃음을 지으며 덧붙인다. "여기저기에 손을 내밀더라도 퇴각해도 중심은 지키려고 합니다. 그래야 나중에 다시 공격할 수 있으니까요." "그래서 손정의는 질리지 않는다고 말하는 걸지도 모릅니다." 손정의의 눈은 웃고 있지 않았다. 퇴각을 가벼이 여기는 사람이 무엇을 이룰 수 있겠느냐고 말하는 듯했다.

decisions. Indeed, the concluding character in his five-character vision is "闘" (to), or fighting spirit. It doesn't matter how lofty your ideals, how much information you collect, how thorough of a strategy you come up with, or even whether you're 70% certain of success—you cannot accomplish anything without fighting for it. And so Son will fight for his vision, with everything he has. The truth, however, is that he is extremely cautious. Son's younger brother Taizo Son, an entrepreneur and investor, explains his brother's behavioral prinicples with an apt analogy.

"My brother is a very cautious person. There's a Japanese saying about those who are overly cautious: 'People who knock on stone bridges before crossing them.' My brother will knock on a stone bridge many, many times. He won't cross most of them, but once he does decide to cross one, he'll cross it with a dump truck."

In the words of Masayoshi Son…
"Those who stay stubborn are

idiots." "Those who cannot retreat are idiots." "Those who cannot retreat are stingy." He said, smiling. "I try all kinds of things, but I make sure that the core of my businesses protected even if I have to retreat in other areas. Then I can always come back and try again." "Although that may be why people think I never learn." Son's eyes when he said this were not smiling. They told the story of what a person can achieve when they are not afraid of retreat.

- 손정의의 제곱 병법

  도천지장법　道天地將法

  정정략칠투　頂情略七鬪

  일류공수군　一流攻守群

  지신인용엄　智信仁勇嚴

  풍림화산해　風林火山海

한자 25자로 이루어진 문자 안에는 손자孫子의 말과 자기의 독창성을 더해 만든 손정의의 경영 지침이 녹아 있다. 회색으로 표시한 부분이 손정의의 독창성이 가미된 곳이며 나머지는 손자의 말이다. 손정의는 이 25자의 한자를 모든 경영 판단을 내릴 때 참조해야 할 항목으로 삼고 있다.

첫 번째 줄의 '도천지장법'은 '도=이념'으로 대표되는 싸움에서 이기기 위한 조건이다.

두 번째 줄의 '정정략칠투'는 '정=비전'으로 대표되는 리더가 갖추어야 할 지혜다.

세 번째 줄의 '일류공수군'은 '1등에 대한 집착'을 포함한 일인자들의 싸움법이다.

네 번째 줄의 '지신인용엄'은 리더로서 갖추어야 할 마음가짐이다.

다섯 번째 줄의 '풍림화산해'는 싸우는 방법이다.

Son's vision as expressed in 25 Kanji characters, some by Sun Tzu and some by Son himself. The gray squares are the words of Masayoshi Son. The others are by Sun Tzu. These 25 characters represent every element you would need to consider in making all kinds of business decisions.

The first line, "道天地将法" is what you need to win battles, as in "道," or "journey," which expresses one's philosophy.

The second line, "頂情略七鬪" is the wisdom that a leader must have, as in "頂," or "summit," which expresses one's vision.

The third line, "一流攻守群," is the battle strategy for those who want to be number one, as in "一流," or "top-notch," which expresses one's dedication to being number one.

The fourth line, "智信仁勇嚴," expresses the knowledge and understanding one needs to be a leader.

The fifth line, "風林火山海," expresses how one must engage in battle.

더 이상의 답이 없다는
생각이 들어도 더 깊이 생각한다

Thinking Harder
When there Seems to Be
No Better Answer

손정의에 대해서 잘 아는 두 명의 인물이 있다. 소프트뱅크 그룹 초창기부터 함께 했던 이들이다. 이노우에 마사히로井上雅博는 1987년 소프트뱅크 종합 연구소에 입사하여 1992년 소프트뱅크(현 소프트뱅크 그룹)로 이직했다. 손정의와는 동년배다. 차분한 성격으로 자신의 길을 묵묵히 걸었던 이노우에 마사히로는 1994년부터 2년간 사장 실장을 맡았다.

"손정의는 집중력이 대단합니다. 골똘히 생각에 빠진 나머지 전신주에 부딪히는 모습도 몇 번 본 적 있

There are two individuals who have known Son since the very beginning of the SoftBank Group. Masahiro Inoue began working for the SoftBank Research Lab in 1987, then transferred to SoftBank (current SoftBank Group) in 1992. He was the same age as Son, with a calm, collected demeanor and a penchant for doing things his own way. He also worked as executive secretary at the CEO office for two years, starting 1994.

"Son's power of concentration is just incredible. I've seen him walk into a telephone pole because he was

어요." 이노우에 마사히로는 1996년 1월 야후재팬(현재 Z홀딩스) 설립에 손정의의 측근으로 참여하여 같은 해 7월에 사장으로 취임했고, 야후재팬을 성공적으로 이끌었다. 이후 2012년 야후재팬 사장직에서 퇴임하였으며, 안타깝게도 2017년 불의의 교통사고로 타계했다. 그는 살아생전에 손정의에 대해서 이렇게 말했다. "손정의는 대담한 면모와 섬세함을 모두 갖춘 사람입니다. 대개는 어느 한쪽 면만 갖추고 있지 않습니까. 하지만 손정의는 양면을 두루 갖춘 훌륭한 인물이라고 생각합니다. 이렇게 양쪽을 고루 갖춘 사람은 별로 없습니다."

또 창업한 지 얼마 되지 않은 일본 소프트뱅크에 1984년에 입사하여 영업의 최전선에 뛰어들어 열심히 일했던 이가 있었다. 손정의가 애칭 '미야웃짱'이라고 부르는, 이른바 손정의의 오른팔인 미야우치 겐宮内謙(현재 소프트뱅크 사장)이다. 그는 2003년 손정의에 대해서 이렇게 말했다. "손정의 사장의 장점은 사

concentrating so hard on thinking about something." When Yahoo Japan (current Z Holdings) was established in January 1996, Inoue worked on the project as Son's closest advisor. He was appointed president in July of the same year, and worked to bring Yahoo Japan to its current state of prosperity. He stepped down from Yahoo Japan in 2012, and passed away in 2017 in a car accident. Before his death, he said the following about Son. "I think what's amazing about him is that he has this very dynamic, big-picture side to him, as well as a narrowly-focused side that allows him to hone in on numbers and other details. Many people that have one or the other, but not many people have both."

The other individual is Ken Miyauchi (current president & CEO of SoftBank), who entered the then newly-established company in 1984, working at the very front lines of sales. Son's nickname for him is "Miyaucchan," and he is Son's ultimate right-hand man. In 2003, he said this about Son.

람을 잘 쓸줄 안다는 겁니다. 회의도 밀실에서 정보를 교환하는 분위기가 아니에요. 가령 회사를 매수하거나 교섭을 성립시키고 싶을 때 누가(그 일을 맡아야 하는) 적합한 인물인지 매우 철저하게 추궁하고 파악합니다. 논리적인 부분과 감정적인 부분을 두루 갖추고 있고 그런 능력을 동시에 발휘하죠."

소프트뱅크 그룹의 회의가 개방적인 것은 손정의 본인도 직접 언급한 적이 있다. 그래서 회의 도중에 간혹 험악한 분위기가 연출되는 일도 있었다. "저 혼자 독불장군처럼 끌고 나가는 것처럼 보일지 모르지만 실제 경영 회의에서는 논리 백출로 제가 말한 제안이 각하되는 경우도 자주 있습니다." 회의에서는 직책에 상관없이 자유롭게 자신의 의견을 낸다. 이런 사풍은 창업 이후부터 지금까지 변함없이 이어지고 있다.

손정의는 말한다. "계속 끈질기게 생각해서 완성도를 높입니다. 극단적인 숫자도 내보고, 심플하게 파고

"I think Son's strength is his ability to 'use' people well. Meetings with him don't feel like we're just sharing information in a closed box. For example, when we want to acquire a company or settle a negotiation, there's always the question of who the right person is for the job? He always wants to get down to the very bottom of that question. He has a logical side and an emotional side, and he uses both of them very well."

Son himself has mentioned that SoftBank Group meetings are very open, sometimes to the point of discomfort and awkwardness. "It might seem like a one-man show. But in our actual meetings, there's so much discussion and dispute, and my proposals often get rejected." People voice their opinions freely and openly in SoftBank Group meetings, without worrying about others' positions in the company. This corporate atmosphere hasn't changed since SoftBank's founding.

들기도 합니다. 그러면 다른 무언가가 나와요." "우뇌로 아이디어를 폭발시키고 좌뇌로 현실화합니다. 양쪽 뇌가 모두 자기 기능을 다 해야 설득력이 높아져요. 그래야 싸움에서 살아남을 수 있습니다." "항상 숫자로 생각하자. 항상 논리적인 사고를 하자." "머리가 좋은 것도 중요하지만 무슨 일이 있어도 실현하겠다는 근성을 가져야 합니다. 굴하지 않고 쉽게 포기하거나 쉽게 질리지 않는 성격이 훨씬 더 중요해요." "몰입하고 열중하는 것. 그것이 꿈을 실현하기 위한 진수眞髓입니다."

손정의에 대해 이야기하며 이노우에 마사히로와 미야우치 겐이 공통으로 인정하는 부분이 있다. 바로 '더 이상의 답이 없다는 생각이 들어도 더 깊이 생각하는 것'이다. 수많은 사람의 생각을 듣고 깊이 생각한 끝에 철저한 결단을 내린다. 미야우치 겐은 '손정의는 절절하게 책임감을 느낀다'라며 핵심을 찌른다. 이것이야말로 손정의가 리더인 이유가 아닐까?

Son says, "We think, think, and think, and make sure everything has been thought through. We put forward extreme financial scenarios, then work it down until everything is simplified, and a different solution might emerge. "The right brain comes up with the 'explosions,' the ideas. The left brain makes it a reality. Having both of these makes you more persuasive, allows you to keep winning." "Always think in terms of numbers. Always work with a logical mind." "Being smart is important, but it comes down to whether or not you have the determination and tenacity to make things a reality. Personality-wise it's important that you don't stop, don't give up, don't get tired of the work." "The essential quality you need to accomplish your dreams is to be totally absorbed in what you're doing."

There was one thing about Son that both Inoue and Miyauchi had admired. "Even when there seems to be no better answer, he'll delve even deeper and think even harder." Son will ask as many people as possible for their thoughts, then think deeply about the issue at hand before making a decision. "He f eels a power ful sen se of responsibility," said Miyauchi, getting to the core of Son's strength. This is precisely what makes Son a leader.

- 현재 소프트뱅크 사장인 미야우치 겐과 손정의.

- 故 이노우에 마사히로와 함께. 프로야구 후쿠오카 소프트뱅크 호크스의 점퍼를 입고서.

제4장
전략과 준비

Strategy and Preparation

경영 관리는 댐을 만드는 일이다
Business Management is Managing the Yellow

"일단 전략이 미흡해. 애초에 전략은 있었냐?" 형 손정의는 동생 손태장을 꾸짖었다. 1992년 손태장이 도쿄대를 목표로 재수를 결심했던 어느 봄날, 형 손정의가 도쿄에서 자취를 시작한 동생을 불러냈다. 손태장은 형보다 15살이나 어렸다. 그래서 손정의는 그에게 부모나 다름없었다. 규슈 지역의 풍습상 둘은 상하가 분명한 형제 관계였다. '어차피 나는 남들보다 못하니까', '꼭 도쿄대가 아니라도', '어쩌면 대학에 들어가지 않아도'라고 중얼거리는 손태장에게 형은 불같이 화를 내며 말

"First of all, you don't have enough of a strategy. Do you even have a strategy?" This was Masayoshi Son yelling at his younger brother Taizo. It was Taizo's third year studying for the University of Tokyo, having failed the entrance exam twice. He had just started living on his own in Tokyo, when his older brother Masayoshi had called him up to meet. Masayoshi is 15 years older than Taizo, and had even chosen his name when he was born. In the particular culture of the Kyushu area, Son, as the older brother, had total dominance. As Taizo mumbled,

했다. "대학에 들어가느냐 마느냐, 어느 대학에 들어가느냐가 문제가 아니야! 인마!"

형은 '최선을 다했는지'를 문제 삼았다. "그런 식으로 대충 핑계만 대면서 너 자신과 정면 승부하지 못하고 사는 인생이 좋으냐?" "그런 인생은 싫어." "네 인생을 대하는 네 자세가 문제인 거야." 손태장에게 '아픈 상처에 소금을 뿌리는 따끔한 설교'가 한 시간 이상 이어졌다.

"지는 것을 당연하게 여기지 마. 루저loser가 되지 말라고!" 그리고는 천천히 전략에 관해서 이야기하기 시작했다. '매일 할 수 있는 일을 열심히 했겠지, 그렇지만 그것만으로는 안 된다, 부족하다'라고 형은 주장했다. "전략이란 너의 리소스를 어떻게 분배할 것인가의 문제야. 최종적으로 합격이냐 불합격이냐의 결과는 전혀 알 수 없지만 확실하게 할 수 있는 것이 있다. 바로 '누가 봐도 절대적으로 합격할 만한 실력으로 끌어올리는 공부의 양'을 정의하는 것이다. 교과서와 참고서, 문제집

"I'm inferior," "I guess it doesn't have to be the University of Tokyo," "Maybe I shouldn't even go to university," Son flew into a rage. "It's not about whether or not you want to go to university or what university you want to go to!"

What Son wanted to know was whether his brother had "given it his all." "You're sitting there all cynical, making excuses for yourself, refusing to look inward or face society. Are you happy like this, living such a half-hearted life?" "It's your attitude towards life that's the problem." Taizo endured over an hour of this lecture, which he says felt like "rubbing salt into a wound."

"Don't get used to losing! Don't become a loser!" Finally, Son began discussing strategy. "You're probably doing your best day-to-day," Son said. "But that's not enough." "Strategy is about how you distribute your resources." There was no guarantee that Taizo would end up passing the exam. But there was one thing he

을 얼마나 많이 풀어야 합격까지 갈 수 있는지, 즉 공부의 양을 설정한 다는 말이다. 그러니 계산해 보자." 이것이 형이 동생에게 내린 지령이었다. 하지만 동생에게 너무 어려운 문제일지도 모른다고 느낀 것일까? 이윽고 손정의는 그 조건을 낮췄다. 공부의 양을 설정하는 일이 어렵다면 모든 교재를 사라고 한 것이다.

"야에스 북 센터로 가. 거기 가서 몽땅 사." 그러고는 상경한 지 얼마 안 된 동생에게 정보를 건네줬다. 도쿄에는 야에스八重洲 북 센터라는 대형 서점이 있고, 구루메에서는 생각할 수조차 없을 만큼 많은 양의 책을 보유하고 있다고. 동생은 아버지에게 전화를 걸었다. "아버지, 참고서 좀 사려고요. 10만 엔만 빌려주세요. 나중에 이자 붙여서 돌려드릴게요."

손태장은 택배 상자로 몇 박스 분량의 참고서를 구입한 후 모든 참고서를 30분씩 읽고 문제를 풀기 시작했다. 30분에 몇 페이지를 풀 수 있는지 기록하며 한 권당 필요한 소요

could do for certain: Define exactly how much he would have to study to have the strongest possible shot at passing the exam. How many textbooks and reference books would he have to read to get there? How many practice tests? This was definable. So calculate it. That was Masayoshi's order. But he must have thought it was too difficult, because he loosened the requirements. If it was too difficult to set an amount, he said, go out and buy all the study material you can find.

"Go to the Yaesu Book Center. Buy all the study material you can find." Masayoshi told his younger brother Taizo, who had just moved to Tokyo, that there was a large book store in Tokyo called the Yaesu Book Center, which was stocked with more books than he could imagine from the bookstores in Kurume. Taizo called his father. "I'm buying reference books. Please lend me 100,000 yen. I'll pay you back with interest."

He bought many cardboard boxes

시간을 계산했다. 그렇게 시험일까지 남은 시간을 계산하자 하루 16시간을 공부한다는 기준으로 시험일까지 5,760시간이 남은 것을 확인했다. 이를 토대로 1시간 단위로 연간 스케줄을 세웠다.

여기에는 형에게 배운 '사업 계획의 비밀'이 담겨 있었다. 예산과 실적 사이의 괴리에 대비하는 것, 즉 버퍼buffer를 설정하는 것이다. 아침 8시부터 12시까지가 '섹션 1'이다. 이때는 1시간마다 참고서를 바꿔서 공부했다. 어떤 책의 몇 페이지부터 몇 페이지까지 공부할 것인지는 연간 계획표로 미리 정해두었다. 12시부터 1시까지는 버퍼 시간이다. 계획표에는 여백으로 표시해 두었다. 이 시간 동안에는 오전에 계획대로 하지 못했던 부분을 보충한다. 오후 1시부터 5시가 '섹션 2'이다. 그리고 다시 5시부터 6시까지가 버퍼 시간이다. 이렇게 꼼꼼하게 계획을 세우더라도 실제로 계획했던 일을 못 하는 경우는 생기기 마련이다. 이를 메우기 위해 일요일 오전 시간을 비워

full of reference books, then read each reference book and answered practice questions for thirty minutes each. He calculated how many pages he could do in thirty minutes, and calculated how long it would take him to complete one book. He then assumed he had 16 hours per day to study, and had 5,760 hours until the exam, then came up with a one-year study schedule, broken down into hour-long increments.

There was one "business plan secret" he had learned from his older brother. Prepare for discrepancies between estimates and actual performance. Create a buffer. From 8:00 A.M. to noon would be "Session 1." During this time, he would go through a different reference book every hour. How many pages of which book he would go through was detailed in his one-year plan. From noon to 1:00 P.M. was the buffer —a blank space on the plan. This gave him time to recover if things didn't go according to schedule in the morning. From 1:00 P.M. to

둔다. 그 시간에 월요일부터 토요일까지 못 했던 부분을 모두 공부하는 것이다. 그래도 못하는 부분이 있을 때를 대비해서 한 달의 마지막 날은 통째로 비운다.

이 방법은 마치 댐과 같았다. 물이 흘러 넘치더라도 반드시 막아낼 수 있다. 하루에 여러 개의 댐을 설치해 두고 빈틈이 없도록 최대한 막는 것이다. 그럼에도 불구하고 흘러 넘치는 부분이 생긴다면 일주일 안에 막는다. 이렇게 해도 안 된다면 한 달 안에 막는다는 원리이다. 또 예정대로 공부가 잘 진행됐다면 그 날의 계획은 초록색으로 칠한다. 몸이 좋지 않거나 게으름을 피워서 아무것도 못 한 날이 있다면 빨간색으로 칠한다. 절반 정도 했다면 노란색으로 칠한다. 한 달 후에 형이 동생을 다시 불러내어 진행 상황을 말해 보라고 했다. 사업 계획의 중간 보고인 셈이다. 계획표를 살펴보니 빨간색이 꽤 보였다. 아무것도 못 한 날이 었다. 이를 보고 분명히 형이 꾸짖을 거라고 생각했다.

5:00 P.M. was "Session 2." 5:00 P.M. to 6:00 P.M. was the buffer. There are times, however, where you still can't recover properly. That was why Taizo left his Sunday mornings open. On Sunday mornings, he would do all the things he wasn't able to complete from Monday through Saturday. And if he couldn't recover properly, he left one open day at the very end of each month when he could complete all of the remaining work.

He thought of the process in terms of a dam. Even if some things slipped through the cracks, he would find a way to keep it all in. He'd have multiple dams a day. What he couldn't recover then, he'd recover in the dam at the end of the week. And what he couldn't recover there, he'd recover at the end of the month. If everything went according to plan, he would color that part in his plan green. If he wasn't feeling well or if he didn't feel like studying, and didn't get anything done, he would color that part red. He would color it yellow if he was able to

"이 노란색은 뭐냐?" 형은 빨간색은 무시했다. 하지만 표정이 험악했다. "노란색으로 표시한 날 페이지 좀 펼쳐봐. 이거 얼마나 한 거야?" "절반 정도"라고 손태장이 답했다. "지금부터 테스트할 거야"라며 형은 그 자리에서 영어 문제를 냈다. 손태장은 20~30%밖에 풀지 못했다. "절반은 했다며? 그런데 이게 뭐야?" "음, 그러게⋯. 나도 모르겠어." "뭘 몰라? 네가 거짓말한 거잖아. 이건 거짓 보고라고, 인마! 절반은 했다면서? 근데 절반도 못한 거잖아." 형은 또다시 일장 연설을 시작했다. "태장아, 인간은 나약한 존재야. 자신을 어떻게 해서든 좋게 보이게 하려고 실은 3분의 1밖에 못 했으면서도 절반 정도 했다고 꾸며 말하지." 그는 아무것도 못 했다는 솔직한 자진 신고는 문제가 되지 않는다고 말했다. "빨간색은 제로(0)라는 보고로 은근슬쩍 넘기려는 거짓이 없어. 하지만 이 노란색 부분은 문제가 있다."

손정의가 설립한 소프트뱅크(현 소프트뱅크 그룹)는 당시 성장 궤도에 올

complete it partway. A month later, Masayoshi asked to meet up again. He wanted to know how the plan was going—a mid-term report for Taizo's business plan. There were quite a few days in the one-year plan that were colored red, meaning he hadn't gotten any work done. Taizo thought his brother would yell at him for that, but he didn't.

"What is this yellow here?" Masayoshi ignored the red parts. But his expression was severe. "Open that yellow page there. How much of that did you do?" "I did half," said Taizo. "I'm going to test you on it, right now," said Masayoshi, then began asking him English practice questions. Taizo could only answer 20-30%. "You said you did half, right? What is this then?" "Um, I don't know." "What you wrote is a lie. This is a false report. You said you did half, but you didn't do half." Masayoshi admonished Taizo yet again. "Humans are weak beings. They always want to make themselves look better, so they say they did half

라 있었다. "소프트뱅크는 지금 직원이 3천 명이야. 3천 명의 직원이 말하는 '절반은 했습니다'가 만일 '3분의 1밖에' 못 한 거라면 어떻게 되겠니? 실제 결과와 비교할 때 얼마나 큰 괴리가 생기겠어? 이 노란색으로 칠한 부분에 대한 관리가 바로 경영관리야."

손태장은 납득했다. 그날 이후 그는 도쿄대 모의시험에서 전국 2등이라는 놀라운 성과를 내며 도쿄대에 합격했고 재학 중에 창업까지 이뤄냈다. 형의 가르침과 조언은 비즈니스 세계로 발을 내디딘 동생의 마음속에서 지금도 살아 숨 쉬고 있다.

when they've really only done a third." There was no problem, Masayoshi said, with the red parts, the parts where he reported he'd done nothing. "Red means zero, and there's no leeway there. But this yellow…"

Masayoshi's company, SoftBank (current SoftBank Group), was on a growth trajectory, and he turned to it as an example. "SoftBank has 3,000 people right now. If 3,000 employees said they did half of something when they only did a third, how much of a discrepancy would that produce between estimates and actual performance? Managing the yellow right here is what business management is about."

Taizo was convinced. He got the second highest score in the country on the University of Tokyo mock exam, then passed the entrance exam for the university. While at school, he set up his own company. Taizo became a business owner, and the lessons he learned from his older brother resonate to this day.

인생은 슈퍼마리오 게임과 같다
Life is Like Super Mario

2000년, 닷컴 버블이 붕괴했다. 당시 손태장은 28살이었다. 홈페이지를 제작하고 시스템을 개발하는 직원이 80명 정도 있는 규모의 회사를 운영하고 있었다. 그러다 닷컴 버블로 당장 다음 달부터 할 일이 사라져 망연자실하는 상황에 빠졌다. 직원들 월급은 어떻게 하지? 고뇌의 연속이었다. 경영자로서 경험도 부족했지만 은행과 교섭할 방법도 부족했고 기댈 수 있는 인맥도 없었다.

'죽어서 직원들에게 사죄하는 수밖에 없구나.' 손태장은 당시를 정신

In the year 2000, the dot-com bubble burst. Taizo Son was 28 years old at the time, and was the president of a web design and system development company, overseeing about 80 employees. Suddenly, all the work he had lined up for the next month onward disappeared, and he was at a loss as to what to do. How would he pay his employees? He had little experience as a business owner. He didn't have the skill to negotiate with banks, or even a network of people he could turn to.

"My only option is to die and apolog

적으로도 극한의 상황까지 내몰려 있었다고 회상했다. 그때 형 손정의가 '밥이나 같이 먹자'라고 연락해 왔다. 형은 여느 때처럼 인터넷의 밝은 미래에 대해서 열렬하게 이야기했다. 동생은 암울한 표정을 지었다. '형, 돈 좀 빌려줘'라는 말이 목구멍까지 치고 올라왔지만 꺼내지 못했다. 그러다가 헤어질 무렵에서야 어렵사리 부탁하려고 하는데 형이 먼저 선제공격을 퍼부었다.

"돈은 안 빌려줄 거야." "어? 나 아무 말도 안 했는데…"라며 손태장은 놀라며 말했다. "네 얼굴에 다 쓰여 있어. 한 푼만 빌려달라고. 근데 안 빌려줄 거야." 형의 말에 손태장은 바로 웃음을 띠었다. 형도 아버지와 마찬가지로 상대방의 마음을 읽고 직구를 날리는 성격이었다. "얼마나 필요해?"라는 형의 질문에 동생도 직구로 받아쳤다. "1,500만 엔. 더이상 어떻게 손 쓸 방도가 없어."

손정의는 동생에게 이렇게 말했다. "네가 말하는 1,500만 엔은 꽤 큰돈이야. 사실 나도 매일 고민해.

ize to my employees that way." Mentally, he was almost at his limit. It was around this time that his older brother Masayoshi Son invited him to dinner. His brother, as always, spoke with passion about the bright future of the Internet. Taizo, however, was in low spirits. He couldn't bring himself to say the words that he'd wanted to say for a while now, the words that were caught in his throat—that he needed to borrow some money. As they were leaving, Taizo was finally working up the courage to ask the question. That is, until his brother touched on it first.

"Hey, I'm not lending you any money." "Uh, I didn't…" said Taizo, stunned. "It's written all over your face. I'm not lending you any money." With these words from his brother, Taizo began to laugh. Like their father, Mitsunori, Masayoshi was good at reading people, and approached them straight-forwardly, directly. "How much?" Masayoshi asked. Taizo's answer was straight-forward as well. "15 million yen. I've tried everything." Masayoshi said, "15 million yen

150억 엔을 어떻게 해야 할지 늘 고민한다고." 그리고 곧바로 핵심을 찔렀다. "1,500만 엔이라면 사실 못 빌려줄 것도 없어. 하지만 너를 위한 일은 아니야." 그 이유를 TV 게임 공략법으로 설명했다. "너는 슈퍼마리오 레벨 1을 아직 제대로 클리어하지 못한 상태야. 제일 약한 노코노코에게 당하고 있고, 구름도 탈 수 없어. 나도 아직은 레벨 15 아니면 20 정도야. 꽤 어려운 단계지. 파이프를 이용해서 레벨 3으로 빠르게 이동할 수 있다고 가르쳐 주는 건 쉬워. 하지만 거북이 노코노코를 상대로 제대로 싸우지도 못하고 죽는 녀석이 파이프를 이용해서 레벨 3으로 한 번에 올라간다면 어떻게 되겠니? 몇 초 만에 금방 죽고 말겠지? 아마 1초도 못 버티고 바로 죽을 거야."

손정의는 강렬한 한 방을 날렸다. "다 죽어보자! 다 죽어보는 거야." 이 말의 의미는 '게임을 운 좋게 클리어해서는 안 된다. 요행을 바라서는 안 된다. 레벨 1에서 온갖 덫에

for you is a huge amount of money. The truth is, I'm struggling to figure things out too. I'm struggling to figure out where to find 15 billion yen." He continued, getting to the heart of the matter. "15 million yen—it wouldn't be impossible for me to lend you that money. But it wouldn't be good for you." He explained his reasoning using the strategy for a video game. "You haven't even cleared a single level in Super Mario. You're being killed by the weakest enemies, the Koopa Troopas of the game. You can't even get on the clouds." He went on, saying he himself had cleared about 15, 20 levels. It's very hard, he said. It would be easy for him to teach Taizo how to use the green pipes to warp to level 3. "But think about it—the kind of person who'd get killed by those Koopa Troopas turtles would die instantly in level 3, even if they were to warp there. You'd die in a second."

Masayoshi then went on his final offensive. "Just be killed by everything! Be killed by everything." What he

걸려보고 죽어보기도 하며 레벨 1을 완벽하게 깨고 나서, 즉 준비를 충분히 하고 나서 레벨 2로 올라가야 한다는 말이었다. 레벨 2에서도 다시 온갖 덫에 걸려보고 죽어보고 충분히 준비해서 레벨 3으로 올라가야 한다. 레벨 1을 이렇게 클리어하고 나면 높은 단계에서 죽더라도 다시 만회하여 앞으로 나아갈 수 있다. 하지만 요행을 바라고 레벨 8까지 갔다면 그 단계에서 깨지고 다시 레벨 1부터 시작해야 할 때 상당히 힘들다'라는 것이다.

옳은 말이었다. 형이 들려준 강렬한 비유는 설득력이 있었다. 형은 동생에게 말했다. "돈 빌려줄게." 동생은 허둥지둥 고개를 저었다. "아니야, 그렇게 말하는 데 빌릴 수 없지." 그렇게 동생은 또다시 자신도 모르는 사이에 웃고 있었다. 형의 도발적인 설교에 순간 화도 났지만 마음은 차분해졌다.

"인생은 슈퍼마리오와 같아." 정말 모든 순간이 게임과 비슷하지 않은가? 그렇다면 힘껏 공략해 보자고

meant was this: "It's not okay to clear these levels randomly. Chance, luck—that's not okay. You have to get yourself caught in all of the traps and enemies in level 1, and only once you know it completely, move onto level 2. Then, be killed by everything in level 2 too, get to know the level completely, then head into level 3. If you get through a level and die, you can catch up to where you were very quickly. But if you get to level 8 by accident, because of luck or chance, and then you die, it'll be incredibly difficult to start again from level 1."

He was right. Masayoshi's powerful analogy was very persuasive. Masayoshi said to his brother, "I could lend you the money." "No, no," said Taizo hurriedly. "I can't borrow from you after hearing all that." He found himself laughing. For a second, his older brother's aggressive lecturing had made him angry. Now, however, he was strangely calm. His heart felt lighter.

"Life is like Super Mario." Like

손태장은 결심했다. "목숨만은 빼앗길 수 없지." 형과 식사를 마치고 손태장은 단골 고객들을 찾아갔다. 불황이었지만 예산이 줄어도 홈페이지를 제작해야 하는 업무가 있었다. 원가를 밝히고 원가 그대로 수주를 받겠다고 고객에게 제안했다. 어쩌면 평소의 절반 또는 절반 이하의 가격이 될 수도 있었다. 게다가 상대방이 제안한 스케줄보다 빠른 시일 내에 완성하겠다고 약속했다. 상대방은 '괜찮으시겠어요?'라며 놀라서 물었다. 손태장은 '괜찮다'라고 답하며 대신에 한 가지 부탁을 건넸다.

"결제 금액의 절반을 먼저 받을 수 있을까요?" 이익이 아무리 줄어도 현금이 돌면 회사는 죽지 않는다는 생각 때문이었다. 단골 고객들이 하나둘 이 같은 조건으로 손태장에게 발주를 해 주었다. 손태장은 당시를 이렇게 회상한다. "그렇게까지 결의를 다지고 죽을 각오를 하고 갔으니 저에게서 뭔가가 느껴졌던 모양입니다." 형 손정의의 '사랑이 깃든 채찍' 덕분에 손태장은 자신의 힘으

a game, Taizo thought. And if it was a game, he decided, then he'd strategize his way through it. "What doesn't kill you makes you stronger." After this dinner with his brother, Taizo went around visiting his clients. There was still work to be done, like the design of websites with significantly reduced budgets. In going around to these clients, Taizo revealed the true costs of the project, and proposed that his company take on the projects at cost price. This would mean cutting their prices in half — no, to less than half. He also offered to complete the projects in advance of the original schedule. "Really? Is that alright?" The client would ask, surprised. Yes, he would say, but in exchange…

"Could we have half the payment in advance?" It didn't matter how much their profits went down—as long as they had enough cash to go around, the company wouldn't die. One by one, Taizo's clients accepted this offer, and ordered their projects from his

로 오롯이 슈퍼마리오 레벨 1을 클리어할 수 있었다고 말한다. 시련을 극복할 수 있었던 것이다. 이후 손태장은 연쇄 창업가serial entrepreneur가 되어 전 세계의 큰 과제를 해결하는 스타트업에 투자하면서 인재를 육성하고 커뮤니티를 조성하는 미슬토Mistletoe를 창업했다.

company. Looking back on that time, Taizo says, "I'd made up my mind, and I went to visit them all with the commitment of a samurai about to commit seppuku. I think they felt that in me." His brother Masayoshi's "tough love" approach had driven Taizo to complete level 1 of Super Mario, all on his own. He had overcome a tremendously difficult time. After this, Taizo became a serial entrepreneur, eventually founding Mistletoe, a company that invests in start-ups that are committed to solving major world challenges, cultivating talent, fostering community development, and more.

- 젊은 경영자로서 회의를 이끄는 손정의(제일 뒤쪽의 중앙).

때로는 분노가 혁명을 가져온다

I'm Angry
Because I Have Something
I Really Want to Accomplish

"진심으로 하고 싶은 일이 있기에 이렇게 화를 내는 겁니다." 2001년 6월, 일본에서는 고도 정보통신 네트워크 사회 형성 기본법(IT 기본법)이 시행되었다. 이 법률 덕분에 인터넷 관련 인프라 설비와 규제 완화가 추진되었다. "드디어 때가 왔다. 이 날만을 기다렸다." 닷컴 버블이 붕괴된 이듬해의 일이었다. 주가는 계속 하락하고 있었다.

"돈은 없지만 지금 하지 않으면 언제 할 것인가?" 손정의는 당시를 회상하며 일생일대의 큰 승부라는 생

"I'm angry because I have something I really want to accomplish." On January 6, 2001, the Basic Act on the Formation of an Advanced Information and Telecommunications Network Society went into effect in Japan. The law was established in order to encourage the establishment of Internet-related infrastructure and loosen Internet-related regulations. "The time's come. I've been waiting for this day." It was the year after the dot-com bubble had burst. Stocks were still on a downward trend.

"We have no money. But if we don't

각이 들었다고 한다. "한 방 날리자." 손정의는 모든 경영 자원을 브로드밴드에 쏟아붓기로 결심했다. 당시 일본의 인터넷은 다이얼업 접속이 주를 이루고 있었다. ADSL(비대칭 디지털 가입자 회선) 설비를 추진하여 상시 접속이 가능하고, 브로드밴드화로 앞서 나가는 한국에게 크게 뒤지고 있는 상황이었다. 손정의는 '세상에서 가장 느리고 세상에서 가장 비싸다'는 야유를 받는 일본의 인터넷을 '세상에서 가장 빠르고 가장 싸다'로 만들어 보이겠다는 결의를 다졌다. 단지 세상에서 제일가는 브로드밴드를 제공하겠다는 일념뿐이었다.

2001년 6월 29일, 비비 테크놀로지(현 소프트뱅크)는 'Yahoo! BB'를 발표했다. 거인 NTT의 1/4 가격으로 약 4배속의 ADSL 기술을 개발했고, 하룻밤 사이에 약 18만 건의 신청이 접수되는 기록을 세웠다. 하지만 회선이 연결되지 않는다는 고객들의 불만이 쇄도하고 있었다. 심지어 연결하는 데 6개월 가까이 기다

do it now, when are we going to do it?" It was an all-or-nothing challenge. "I'm going to give this all I've got." Son decided to pour the entirety of the company's resources into broadband. At the time, dial-up Internet was the norm in Japan. The country had fallen far behind Korea, which had sped ahead with the establishment of ADSL (asymmetric digital subscriber lines), and the always-connected, broadband-style Internet. Son's plan: to make Japan's Internet, which was ridiculed by some to be "the world's slowest and priciest," into "the world's fastest and cheapest." He prepared himself for the upcoming battle. He had one singular goal—to provide the world's best broadband Internet.

On June 29, 2001, BB Technology(current SoftBank) announced the establishment of "Yahoo! BB." The service would provide ADSL at approximately four times the speed and about a quarter of the price offered by Internet giant NTT. About 180,000 people registered for the service overnight. But, the lines wouldn't connect. They were

려야 하는 상황이 벌어졌다. 이유인즉슨 개통에 필요한 NTT국의 사내 접속 공사가 크게 지연되고 있었기 때문이다. 눈에 뻔히 보이는 방해 작전이었다. NTT에 여러 번 개선 방안을 요청했지만 나아지는 것이 없었다. 손정의는 분노를 참지 못하고 같은 해 6월 29일, 감독관청인 일본 총무성으로 쳐들어갔다. 험악한 표정으로. "더는 기다릴 수 없습니다. 당신들이 NTT에게 주의를 주지 않으면 더는 앞으로 나아갈 수가 없습니다. 라이터 좀 빌려주세요."

진심이었다. 손정의는 스스로 목숨을 끊을 각오를 하고 있었다. "기자 회견을 열어서 Yahoo! BB를 그만두겠다고 발표하고 고객에게 사죄하겠습니다. 그리고 서비스를 제공할 수 없는 이유에 대해서도 낱낱이 설명하겠습니다. 그리고 다시 이곳으로 돌아와서 여기에 기름을 붓고 불을 질러 버리겠습니다."

그날 이후부터 회선 절차가 정상적으로 진행되기 시작했다. 2003년

bombarded with complaints from customers. In some cases, customers had to wait six months before the lines connected. The construction needed to open up the lines—construction in NTT buildings —was being heavily delayed. NTT was clearly holding back construction on purpose. They made many requests for NTT to solve the issue, but it didn't get better. Son's anger was explosive. On June 29 of the same year, Son marched into the Ministry of Internal Affairs at the supervisory agency, his face a mask of rage. "I am not making them wait any longer. If you don't come down on NTT, nothing will get done. I'll need to borrow a lighter."

He was serious. He was genuinely ready to give up his own life. "I'll apologize to the customers in a press conference, tell them we can't go on with Yahoo! BB. I'll explain to them the reason why we can't provide them the service. Then I'll come back here, pour gasoline on myself, and set myself on fire."

에는 국제전기통신연합(ITU)에서 일본 브로드밴드를 '빠르고 싸다'라고 평가하며 종합점수 세계 1위로 인정하기도 했다. 2년 만에 '세상에서 가장 빠르고 세상에서 가장 싼 브로드밴드'를 실현한 것이다. "정보 혁명으로 모든 사람에게 행복을!" 손정의는 이 바람을 진심으로 이루고 싶었다고 한다. 사카모토 료마와 함께 새로운 일본을 건설하기 위해서 목숨을 바친 사이고 다카모리西郷隆盛[1]는 이렇게 말했다. "목숨도 필요 없고, 이름도 필요 없고, 관직도 필요 없고, 돈도 필요 없는 사람은 말미에 통제하기 어렵습니다."

손정의는 그런 까다로운 남자였다. "언젠가 사람들이 기뻐해 주면 됩니다." 사리사욕을 위한 것이 아니라 일본의 인터넷 사용자들이 기뻐해 주면 그것으로 만족했다. 손정의의 '분노'는 일본 인터넷에 혁명을 가져왔다. 때로는 이렇게 분노가 큰 혁명의 에너지가 되기도 한다.

Soon after, the procedures for the lines began to go much more smoothly. And two years later, in 2003, the International Telecommunication Union (ITU) recognized Japan's broadband Internet to be the "fastest and cheapest broadband" in the world. He had achieved his dream of providing "the world's fastest and cheapest" broadband Internet. "Information Revolution — Happiness for everyone." Son is serious about accomplishing this goal. Saigo Takamori[1], who devoted his life to building the new Japan, alongside Sakamoto Ryoma, once said, "The person who doesn't care about his own life, or reputation, or official rank, or money, is hard to control."

Son was exactl y that kind of troub lesome man. "I just want people, sometime in the future, to be happy about what I've created." He had accomplished this not for self-interest, but because he wanted to make Japan's Internet users happy. Son 's "anger" brought f or th a revolution in Japan's Internet. Anger, at times, can provide an immense source of energy for a revolution.

1 사이고 타카모리(1828~1877): 에도시대 말기에 사쓰마 번의 하급 무사로 입신양명하여 에도 막부에서 메이지 정부로의 정권 이행에 기여했으나 마지막에 신정부에 대한 반란을 일으켜 패배하고 자결한다. 시바 료타로의 소설 《나는 듯이翔ぶが如く》에서 성실한 성격의 소유자로 그려져 일본 경영자들 사이에서 존경하는 사람이 많다. '목숨도 필요 없다'라는 구절은 그가 살아생전에 남긴 명언을 수록한 《사이고 난슈 오이쿤西鄕南洲翁遺訓》에 실려 있다.

1 Saigo Takamori (1828-1877): Started as a lower-class samurai in the Satsuma Domain and built a name for himself at the end of the Edo Period, helping advance the political transition from the Edo Shogunate to the Meiji government. Eventually led a revolt under the new government, was defeated, and died by suicide. His sincerity, illustrated in novels such as Ryotaro Shiba's Tobu Ga Gotoku , earned him many fans amongst Japanese business owners. This quote comes from the Nanshuoikun , a collection of his sayings before his death.

직원은 1, 경영자는 300
If an Employee Thinks 1, the Business owner Must Think 300

"경영자는 모든 것을 미리 생각해 두어야 한다." 이윽고 손정의가 동생 손태장에게 물었다. "태장아, 가령 직원이 자신의 회사에 대해서 '1'을 생각하고 있다면 경영자는 숫자로 말해서 어느 정도까지 생각하면 된다고 봐?" 손씨 일가는 평소에도 이런 대화를 자연스럽게 나눴다고 한다. 딱히 놀라울 일도 아니었다. 손태장은 생각했다. '경영자니까 직원보다는 많이 생각해야겠지. 직원들보다 3~5배 정도 더 생각하면 될 것 같은데 그렇게 대답하면 분명히 형은 엄청 부족하다고 할 테지.' 그

"Business owners have to consider any and every possibility." Masayoshi went on, asking his younger brother Taizo, "Let's say, for example, that the amount of thinking an employee does for his company is '1.' In that case, how much should a business owner be thinking about the company?" This kind of conversation happened daily in the Son household, and the question itself wasn't particularly surprising. Taizo thought to himself, "Obviously the business owner has to think about the company a lot more than an employee—probably three or five times as much, but I'm guessing,

래서 손태장은 이렇게 대답했다고 한다. "형, '10' 정도가 아닐까?" 그러자 손정의는 격노하며 이렇게 말했다. "이 바보 녀석아! 경영자라면 '300배'는 움직여야 해." 이런 식으로 손태장은 형을 통해 경영자가 갖추어야 할 정신에 대해 많은 것을 배웠다.

예를 들어 반드시 누군가를 설득해야 한다면 어떻게 해야 할까? 상대방이 자신의 제안을 거절할 만한 이유를 최소 100가지는 생각해 둔다. 그리고 상대방이 납득할 수 있는 방법을 고민하여 예상 문답집을 준비해야 한다고 형에게 배웠다. '이치에 맞지 않는 이론이나 강압적인 설득이 아니라 수긍할 수밖에 없는, 상대방이 마음속으로 납득할 수밖에 없는 이유를 제대로 준비해야 한다. 그렇지 않으면 상대방은 절대로 원하는 대답인 "YES"를 말해주지 않는다'고 손정의는 강조했다.

이후 손태장은 교섭을 앞두고 직접 '상대방이 자신의 제안을 거절할

Masayoshi being Masayoshi, that the number is more than that." So he said, "Maybe 10?" Masayoshi was livid. "Idiot! The business owner has to work 300 times more." Taizo was struck. This is how Taizo learned so much about the mindset of a business owner from his brother Masayoshi.

Another example involves what to do when you absolutely need to persuade someone to do something. Think of a minimum of 100 reasons why the person would say no to your proposal. Then, think of methods that would convince them even with all of these counterarguments, and prepare a set of questions and answers to get you there. Masayoshi said, "You can't just quibble over details or try to forcibly convince them. The person will not say yes unless you prepare a logical argument that they truly understand, that makes perfect sense to them."

Ever since, Taizo has taken it upon himself to create a set of reasons why the other side may say no before

수 있는 이유들을 적은 예상 문답집'을 과제 하듯이 작성해나갔다. 실제로 실천해 보며 자신이 지금까지 얼마나 자기 입장에서만 생각했는지를 몸소 깨달았다고 한다. "큰 공부가 되더라고요. 머리로 알고 있는 것과 직접 실감하고 실천하는 것에는 큰 차이가 있었습니다." 손정의는 '아재킬러ジジ殺し(손정의는 실제로 자신보다 훨씬 연장자인 협력자들의 마음을 얻고 그들의 도움으로 두각을 드러냈기에 이렇게 불렸다)'라는 말을 자주 들었다.

일본 소프트뱅크를 설립하는 과정에서만 해도 수많은 주요 인물이 손정의의 설득에 마음을 빼앗겨 그의 가능성에 도박을 걸었다. 그런 그의 후광에 어느 정도의 천성이 작용했을지도 모르나 결국에는 상상을 초월하는 철저한 준비가 가져다준 결과일 것이다. '직원은 1, 경영자는 300' 그리고 '100개의 문답'. 손정의는 동생 손태장에게 조언과 가르침을 줄 때마다 곳곳에 큰 숫자들을 언급했다. 천 개, 만 개의 경영지표를 확인하고 분석하는 '천 번의

he heads into any negotiation. Once he started putting this into practice, he realized just how one-sided his perspective had been in the past. "It's really taught me a lot. There's a big difference between knowing something logically, and being able to truly understand and act on it." Son is often referred to as a "jijigoroshi," a Japanese slang term that means someone who is very good at garnering the support of older men.

Even through the establishment of SOFTBANK Corp.Japan, there were many important people who bet heavily on Son's success, as if they had been bewitched by him. Perhaps there's something about Son's natural aura that enables him to win people over. When it comes down to it, however, his skills of persuasion are the fruit of an insane, almost unbelievable level of preparation. "If an employee thinks 1, the business owner must think 300," and the "100 possible counterarguments." Many

노크(야구 훈련법에서 온 용어로 성공할 때까지 천 번을 반복할 정도로 끈질기게 매달리고 포기하지 않는 정신을 가리킨다)', '만 번의 노크'라는 것도 있었다. 손정의는 자신의 발상이 만화 《거인의 별 巨人の星1)》에 나오는 '메이저 리그 볼 양성 깁스(주인공의 필살기인 메이저 리그 볼을 완성하기 위해서 특수 제작한 훈련 도구로 마치 깁스처럼 몸에 끼어서 착용할 수 있는 데서 붙여진 이름이다)'와 닮았다고 손태장에게 이야기한 적이 있다. 이는 고도의 성장기였던 쇼와昭和 시대에 일본에서 생겨난 스파르타식 공상 트레이닝 도구였다. 손정의는 어린 시절 《거인의 별》에 매료되어 축구를 잘하고 싶다는 생각에 철제 나막신을 신고 다녔다고 한다.

그런 특훈의 상징으로 경영자로서 손정의가 담고자 했던 의미는 무엇이었을까? '무엇을 할 것인가'뿐만 아니라 '얼마만큼 할 것인가'가 아닐까 싶다. 전략을 입안하는 것 이상으로, 그 이후에 펼쳐질 전술에 대한 공략과 실전에 대한 철저함이 손정의를 비범한 존재로 만들지 않았을

of the lessons that Son imparted to his brother Taizo are characterized by large numbers. For instance— he should check 1,000, even 10,000 management indices, called the "1,000 knocks method" and "10,000 knocks method" (a method in which you exhaust 1,000 and 10,000 possibilities) to analyze information. Masayoshi once said to Taizo that his thought process was similar to the "major league training brace" in the manga series Star of the Giants[1]. This brace was an imaginary tool used in a series that ran in the middle of Japan's high-growth postwar period in the Showa Era, and represented a spartan, rigid training method. As a child, Son had been inspired by the Star of the Giants series, at one point wearing iron clogs for a while to try to strengthen his legs so he could be better at soccer.

What does Son mean, as a business owner, when he refers to this symbol of hard, spartan training? What he means is this: It's not just about what you do, it's about how much you do

까? 성공 방정식이라는 것은 나중에 따져보면 심플한 인과관계다. 이런 분야에서 최후에 성공과 실패를 가르는 것은 얼마나 철저하게 준비했으며, 얼마나 단단히 각오를 다졌느냐에 따라 달라진다. 얼마나 끈질기게 실천했는가가 무엇보다 중요하다.

손태장은 진지하게 말했다. "사실 그게 제일 어렵습니다. 일상적인 작업의 반복이다 보니 원하는 만큼 바로 눈에 띄는 결과가 나오지는 않아요. 그래서 일에 착수하더라도 도중에 끈기가 부족해서 단념하기 쉽죠. 그래서 성공 사례가 적은지도 모릅니다." 형의 가르침은 불변한다. 표현을 바꿔서 여러 번 똑같은 요소를 끈질기게 파고든다. 그렇기에 손태장은 "그것이 형이 성공할 수밖에 없는 가장 큰 비결이라고 생각합니다"라고 말했다.

it. What makes Son extraordinary is not necessarily setting the strategy itself. It is what comes afterwards—making sure that his strategy works completely, committing himself to its implementation. When seen in hindsight, there is generally a simple causal relationship behind a successful person or endeavor. In all fields and all industries, what separates success from failure is how thoroughly you prepare, how well-built your strategy is, and how persistent you are in its implementation.

Taizo says seriously, "It's actually this part that's the hardest. It's just a piling up of mundane tasks, and of course you don't get amazing results right away, so you tend to run out of steam in the middle and give up. This may be the reason why there are so few success stories." His older brother's lessons are unchanging. He'll change his words around but always strike at the same point, again and again. And so Taizo says, "This, I think, is the greatest secret to success."

1 거인의 별: 1960~1970년대 일본 청소년들 사이에서 엄청난 인기를 끌었던 야구 만화. 주인공인 호시 휴마星飛雄馬가 아버지의 특훈을 받으며 성장해 나가는 이야기로, 예전에 아버지가 활약했던 프로야구 명문 팀 '요미우리 자이언츠'의 에이스를 꿈꾼다. 끈기와 근성을 중시하는 스포츠 만화 장르의 대표작이다.

1 Star of the Giants : A baseball manga that was extraordinarily popular with boys in Japan in the 1960s-70s. The main character, Hyuma Hoshi, goes through very strict, intensive training under his father, and aims to become the star of the Yomiuri Giants, a famous professional baseball team. One of the most well-known examples of what is called a "supokon manga," or a sports-themed manga with an emphasis on grit and determination ("konjo").

준비의 준비를 거듭하다
Seven-Fold, Eight-Fold Preparation

"뭔가를 하려고 할 때 예측 불허의 사태에 대비하기 위한 준비는 어느 정도면 좋을 것 같아?" 손정의는 늘 그렇듯 차를 마시면서 가볍게 질문을 던졌다. 손태장은 놀랐다. 그런 생각은 한 번도 해본 적이 없었기 때문이다. "음…, 일단 일이 잘못됐을 때 어떻게 하자는 식의 대안 정도는 준비하는데, 형은 그것도 안 먹힐 때를 대비한 대안을 말하는 거지?" 이렇게 되묻자 손정의는 동생에게 말했다. "그럼 너는 지금까지 1중, 2중으로만 대안을 준비했다는 소리야? 그것 가지고는 부족해. 나는 대

"When you're getting into something, how much do you think you should personally prepare for unforeseen circumstances?" Masayoshi's question was directed towards his younger brother Taizo. As always, Masayoshi's tone was chatty, casual. Taizo was caught off guard. He had never thought about anything like that before. "Well… I mean, I do prepare alternative solutions for when things don't go properly. Are you talking about an alternative for when even the alternative doesn't work?" Masayoshi said to Taizo, "So what you're saying is that you prepare one alternative,

충이라도 4중, 5중으로 준비하는걸. 그것도 부족하다는 생각이 들 때, 가령 큰 승부를 앞두고 있을 때는 7중, 8중으로 준비해야지."

1중의 백업 플랜도 준비하기까지 많은 노력과 시간이 필요한데, '그게 안 된다면 이렇게 하자', '그것도 안 된다면 저렇게 하자', '그것도 안 된다면 다시 이렇게 하자'는 식의 준비를 항상 4중, 5중으로 해야 한다니. 손정의 자신은 항상 그런 자세로 임하고 있다니 놀라울 따름이었다. 손태장은 그때를 회상하며 말했다. "솔직히 할 말이 없었어요. '대체 준비를 얼마나 하라는 소리야?' 싶었죠." 이어서 그는 형의 진의를 설명했다. "형이 하고 싶었던 말은 아무리 위험을 무릅쓰고 도전하더라도 절대로 죽어서는 안 된다, 복귀할 수 없을 정도로 치명상을 입어서는 안 된다는 것이었어요."

손정의의 전략론으로 통하는 '손의 제곱 병법'은 '풍림화산해風林火山海'라는 한자 5글자로 결론지을 수

two at the most. That's not enough. I always have four, five alternatives lined up. And when I think even that's not enough, like for a really big gamble, I'll come up with seven or eight."

It was hard enough to come up with even one alternative, and Masayoshi was telling Taizo to have four or five prepared at all times—so that if this didn't work, he could do that, and if that didn't work, then he could do this... and so on. What's more, Masayoshi was saying that he himself was always this prepared. Taizo confesses, "Honestly, I was taken aback. Like, how prepared could one person be?" But he explained what Masayoshi meant. "I think what my brother wanted to say was that, no matter the risk you take in your challenges, you can't let it kill you. you can't take on critical, irrecoverable damage."

"Son's Art of War, Squared," which expresses Son's strategic outlook on life, ends with the five Kanji char

있다. '풍림화산'은 고대 중국의 병법가 손자가 쓴 한 구절로 일본 전국시대의 무장이었던 다케다 신겐武田信玄이 전투 깃발에 적어 넣은 구절이기도 하다. '바람처럼 빠르게, 숲처럼 고요하게, 불길처럼 맹렬하게, 산처럼 묵직하게'라는 뜻으로 용맹스럽고 과감한 전투 방법을 뜻한다. 여기에 손정의는 전투에서 이긴 후에 적을 포함한 모든 것을 '바다'와 같이 포용한다는 의미로 '해海'를 더했다. 다케다 신겐의 호적수였던 우에스기 겐신上杉謙信은 화려한 전투 방법으로 유명했지만 손정의가 좋아하는 전투 방법은 아니었다. 그는 잡지에 이렇게 기고한 적이 있다.

"우에스기 겐신은 아름다운 전투를 위해 전투 자체에 예술성이나 인생의 가치를 걸고 목숨을 바쳤다. 물론 그와 같은 무장의 투쟁을 미화하고 칭송하며 그것에 도취되는 사람도 적지는 않을 것이다. 하지만 적어도 나는 승률이 낮은 신규 사업에 도전하고 극적으로 이겼다는 의미에서 박수갈채를 받을 필요는 없

acters, "風林火山海." "風林火山" is a story written by Sun Tzu, as well as the slogan of Japanese samurai Takeda Shingen." The characters, "風林火山," or "wind-forest-fire-mountain," represent the premise of being "as swift as the wind, as still as the forest, as fierce as the fire, as firm as the mountain," and sums up the strategy for brave and courageous battle. To this, Son had added the character "海," or "ocean," to mean that after a victory, you should envelop the enemy and everything around them like an ocean. Shingen's rival Uesugi Kenshin is also known for his skill and elegance in battle, but Son isn't a fan of Uesugi's principles. Son even wrote the following in a guest article in a magazine.

"Uesugi Kenshin wanted to fight beautifully, looking for art and the meaning of life in battle itself. And of course, plenty of people have romanticized his battles and revel in his stories. Personally, however, I don't feel the need to earn praise and

다고 생각한다." 손정의가 추구하는 승리의 왕도는 싸우지 않고 이긴다, 이길만해서 이긴다, 전략을 수립한 뒤에야 완벽한 승리가 보장된다는 방식이다.

동생 손태장은 이렇게 설명했다. "꽤 힘든 상황이라도 낙숫물이 돌을 뚫는다는 일념으로 배수의 진을 치고 나아가면 돌파할 수 있는 어려움도 있습니다. 절체절명의 순간에는 이런 신념이 영웅을 판가름하기 때문에 이를 부정할 생각은 추호도 없습니다. 하지만 동료들에게 매번, 매 순간마다 그렇게 비장한 결의를 다지며 죽을힘을 다해서 도전하라고 말하는 것은 조직을 이끄는 리더로서는 실격이라고 생각합니다."

유니클로UNIQLO를 세계적인 패션 브랜드로 이끈 패스트 리테일링 FAST RETAILING의 회장 겸 사장인 야나이 다다시柳井正는 소프트뱅크(현 소프트뱅크 그룹)와 같은 해인 1994년에 주식을 상장했다(점두등록). 그는 손정의와는 동기 같은 사이로 소

acclaim by taking on new businesses with lower success rates in order to score dramatic wins." Son's ideal battle strategy is the tried and true method—winning without having to battle, winning while expecting to win, winning by formulating a strategy so accurate that your victory is assured by the time you've gone into position.

His brother Taizo explains, "There are times, in extremely difficult situations, when the only way through requires desperate, life-or-death decisions. In such critical moments, this kind of conviction is what makes the difference between victory and defeat. There's no question that that's important. But if you're making everyone you work with make life-or-death decisions every time, if they're always in desperation mode, then you've failed as a leader."

Tadashi Yanai is the Chairman, President and CEO of FAST RETAILING, which has made Uniqlo into a global brand. Yanai listed FAST RETAILING

프트뱅크 그룹의 사외 이사직을 맡았다. 이런 야나이 다다시가 처음으로 손정의에게 면담을 요청한 적이 있다. '소프트뱅크는 컴퓨터와 LAN을 이용해 일일 결산을 하고 있다'라는 이야기를 듣고 그 방법을 배우고 싶었던 것이다. 1일을 기준으로 매출과 이익을 비롯해 다양한 경영 수치를 파악하는 일일 결산은 예측불허의 사태를 미리 감지하고 대처하는 속도를 높일 수 있는 방법이었다. 그런 경험이 쌓인다면 기적으로 얻은 승리가 아니라 이길만해서 이기는 승리가 가능해진다. 화려한 승리가 아니라 우직한 승리가 되는 것이다. 같은 길을 걷는 경영자로서의 그의 안목이 손정의의 본질을 유감없이 꿰뚫고 있었다.

on the market in 1994, the same year that SoftBank (current SoftBank Group) was listed. Son considers him a peer, and in fact Yanai also currently serves as an External Director for the SoftBank Group. He had asked to meet with Son for the first time when he heard SoftBank was doing its daily accounting with computers and LAN networks, wanting to learn their methods. Daily accounting allows businesses an understanding of various managerial indicators such as sales and profit, on a daily basis, enabling them to notice and handle unforeseen circumstances with more speed. This kind of cumulative insight is what allows for "winning while expecting to win," as opposed to sheer miraculous victories. Not a beautiful, striking victory, but a simple, straightforward one. This point, made by a fellow business leader, strikes at the heart of Son's approach.

리스크와 위험의 한 끗 차이
Hazard and Risk

You are a RISKTAKER as much as I am.

—Bill Gates, The Road Ahead

마이크로소프트 빌 게이츠의 책에는 이런 메시지가 적혀 있었다. '당신도 나만큼 위험을 감수하는 사람이다.' 손정의는 빌 게이츠에게 받은 이 메시지를 '최고의 명예'라고 말하며 자랑스럽게 생각하고 있다. 손정의는 리스크와 위험을 명확하게 구분하고 있으며, 이를 동생 손태장에게도 일러주었다.

"관리manage할 수 있는 위험, 위

You are a RISKTAKER as much as I am.

—Bill Gates, The Road Ahead

So said the message that came with the book by Bill Gates of Microsoft. Son considers this personal message from Gates to be "the greatest honor" and is very proud of it. Son differentiates risk and danger very clearly, according to his younger brother, Taizo.

"The only kind of danger you can call 'risk' is danger you can manage, danger where you can estimate the worst possible damage. Everything

험의 최대 피해를 예측할 수 있는 것만 '리스크'라고 해. 예측할 수 없는 것은 모두 '위험'이야." 이윽고 "리스크는 받아들여도 되지만 위험은 안 된다"라고 덧붙이기도 했다. 여기서 말하는 '위험'을 영어로 번역하면 '해저드Hazard'라고 할 수 있다. 리스크와 해저드. 이 둘의 차이점을 명확하게 구분할 수 있어야 한다. 빌 게이츠는 이를 명확하게 이해하고 있었기에 손정의에게 진정한 '리스크테이커'라고 말한 것이다. 손정의는 최대 피해를 예측할 수 없는 상태에서 성패를 하늘에 맡긴다는 생각으로 승부에 나서는 행동은 호쾌하다거나 대단하다거나 용기가 있다고 칭찬하는 것을 경계했다.

"한 번 정도는 운이 좋아서 잘 될 수 있습니다. 하지만 비즈니스는 여러 번 승부를 걸어야 하는 일이기에 그런 자세로 임한다면 언젠가 어딘가에서 끝장이 나고 맙니다. 따라서 위험을 집어 들어서는 안 됩니다." 하지만 대개 리스크와 위험의 경계는 모호하다. 명확하게 선을 그

else is just danger." Thus, Masayoshi says, "You can take risks, but you can't take on danger." Danger the way Son means it here may be closer to "hazard." Risks and hazards: You have to clearly understand the difference between the two. Gates understood that, and said Son was a true risktaker. Son warns against the idea that make-or-break actions without the ability to estimate potential damage is heroic, amazing, or courageous.

"Maybe one time you'll get lucky and things will work out. But the success of a business is based on many, many battles, and if you keep going that way, you will fail eventually. That's why you can't take on hazards." But the line between risks and hazards are often blurry. What do you do if you can't distinguish between the two? Would you decide to take the action, even if it's unclear whether it's a risk or a hazard? Or would you decide not to, and choose inaction instead? What would Son do? Son would not leave it unclear. Son would determine whether

을 수 있는 것이 아니다. 이럴 때는 어떻게 해야 할까? 리스크인지 위험인지 모호하지만 일단 해 보겠다고 생각하며 행동에 나서야 할지, 아니면 불확실한 방법이니 애초에 행동에 나서지 말아야 할지…. 과연 손정의는 어떻게 이런 상황을 돌파했을까? 그는 리스크와 위험의 경계를 모호하게 내버려 두지 않았다.

"형은 모르는 부분이 있으면 철저하게 파고들었요." 경영 현장에 여러 번 참석했던 손태장은 이렇게 증언했다. 손정의는 리스크와 위험의 애매한 교집합에 숨어 있는 경계선을 철저하게 파헤쳤다. 수많은 노란색 신호가 실제로 빨간색인지 초록색인지를 가름하기 위해 철저하게 파헤쳐 나가듯이 살피고 또 살폈다고 한다. 손정의가 창업하기 이전에 방대한 시장 조사를 벌이고 결론을 내리기 위해서 각 분야의 전문가를 후쿠오카까지 교통비와 사례금을 제공하며 불렀듯이 말이다. 지금도 그는 여전히 전 세계 사람들에게 전화를 걸어서 의문점을 묻고 풀어나

it was a risk or a hazard.

"In the case of right or wrong, he will analyze every single unknown down to the last detail," says Taizo, who has witnessed his brother do so many times. Son will find that line, somewhere in the gradation between risk and hazard. He won't stop until he has it. Like looking at countless yellow lights, figuring out which ones are actually red, which ones are green. Even before Son set up his first company, he paid experts to come to Fukuoka, paying their transportation fees plus gratuity, in order to draw conclusions from the massive amounts of market research he had done. Now, he calls people from all over the world to ask questions. If he feels the line between risk and hazard is blurry, "he'll pick up the phone right then, no matter what time it is, and just start calling people—for example, 'Hey Jack!'"

"Jack" is Jack Ma. "I mean, Ma is probably very busy too," laughs Taizo.

간다. 리스크와 위험의 경계선이 흐릿해서 모호하게 느껴질 때면 "밤낮 가리지 않고 그 자리에서 곧바로 모든 사람에게 연락해요. '헤이 잭!Hey Jack!'이라고."

여기서 말하는 '잭Jack'은 '잭 마Jack Ma(중국의 사업가이자 '알리바바'의 창업자 '마윈'으로 잘 알려져 있다)'다. "잭 마 씨도 상당히 바쁠 텐데 말이죠"라며 손태장은 웃어보였다. 전화를 걸어서 손정의가 내뱉는 첫 마디는 언제나 "물어보고 싶은 게 있어요"였다. 바로 '질문'이다. 그가 질문을 하는 상대방은 언제나 그 분야의 '초일류'로 정해져 있었다. 이건 손정의 자신이 초일류가 되기 전부터 그렇게 해 온 일이다. 그들의 두뇌에서 최신 정보를 얻고 그 다음에 리스크인지 위험인지를 판단해 나갔다. 결코 애매하거나 모호한 채로 그냥 두는 법이 없었다.

필시 손정의의 진수는 이런 면밀한 조사를 통해서 일반인은 위험이라고 생각할 수밖에 없는 도박의 최

"I'd like to ask you a question." That is the first thing Masayoshi says when they pick up the phone. The kinds of people he calls during these situations are all top-tier people in their fields. That is his rule, and has been his practice. He did this even before he himself was a top-tier businessperson. Son gets the latest information from top-tier minds, and decides whether the action in question is a risk, or a hazard. He does not leave it unclear.

Son's true brilliance, however, lies in this fact—the fact that, after all this careful, deliberate analysis, he will be able to make a "maximum possible damage" estimate of a gamble that seems to everyone else like an impossible hazard. As he said, once you can make an estimate of the maximum possible damage, it ceases to be a hazard. You can take measures to prevent damage. And so the hazard turns into a risk. This is not something that any ordinary person can do, however. "I still don't understand," Son will say, again and again, to the people

대 피해를 예측하는 데에 있지 않을까? 최대 피해를 예측할 수 있다면 더이상 위험이 아닐 것이다. 적절한 방어 자세를 취할 수 있기 때문이다. 즉 위험이 리스크로 변하는 순간인 것이다. 하지만 보통의 사람이 보통의 노력으로는 할 수 없는 일이다. 손정의는 '아직 잘 모르겠다'고 말하는 주변 사람들에게 반복해서 이야기한다. 그의 예리하면서도 강인한 정신력은 해저드를 리스크로 바꾸고 있다.

around him. His sharp and tenacious mind turns "hazard" into "risk."

일류공수군 一流攻守群
Top-Notch-Attack-Defense-Group

비전을 위해서 목숨을 건다. 목숨을 걸려면 대책이 있어야 한다. 그럴 때 바로 전략이 필요하다. 과연 전략이란 무엇일까? 손정의의 대답은 '일류공수군'이다. '손정의의 제곱병법'의 25개 한자 중에서 5자는 아래와 같다.

일一: 넘버원을 향한 집착.

"초등학교 시절에는 거의 1등만 했어요. 1등이 아니면 기분이 나빴습니다. 다만 음악에서는 1등이 되겠다고 생각한 적이 없어요. 살짝 음치거든요"라고 덧붙이며 양해를 구

Devote your life to a vision. And if you're going to devote your entire life to it, you better have a plan. You have to have a strategy. And what does that strategy have to be like? Son's own answer to this question is embodied in "一流攻守群." These are five Kanji characters out of the 25 expressed in Son's Art of War, Squared.

"一": This, the Kanji character for the number one, expresses his commitment to being number one.

"In elementary school I was almost always number one. I feel a bit sick when I'm not number one." He

했다. "하지만 하겠다고 마음먹은 분야에서는 반드시 1등이 되겠다고 결심하며 열심히 했어요. 그냥 1등이 아니라 압도적인 넘버원이 되기를 원했죠."

'1등이 될 수 있는 길을 찾아서 그 분야에 첫발을 내디딘다. 2등은 패배라고 생각하라. 2등은 아직 가고 있는 중이다. 그러니 끝까지 하라. 그러나 1등이 되는 것이 목적은 아니다. 압도적인 넘버원이 되어야 비로소 그 본질적인 의의를 깊게 누릴 수 있다. 1등이 되면 여유가 생기고, 다시 도전할 수 있다. 새로운 기술 개발로 고객을 더 배려할 수 있다. 진정한 의미의 책임감을 느끼며 나아가고 싶다.' 그는 방긋 웃으며 이렇게 단언한다. "뭐든지 1등은 좋습니다."

류流: 시대의 흐름을 꿰뚫어 보는 것.

"핵심 중의 핵심을 조준해 나갈 생각입니다. 어렵게 생각할 필요 없습니다. 일부러 강의 흐름을 거슬러

explains, however, that "I've never thought that I want to be number one in terms of music. I'm a lousy singer." "But in fields where I feel like I could succeed, I decide to be number one. I absolutely need to be number one, and by a huge margin."

"You have to find a path for you to be number one, before you take a single step into that field." "If you're number two, you've failed." "If you're number two, you're still on your way. Finish it." Simply being number one, however, is not Son's objective. "Only after you become number one by a huge margin do you get to savor the true meaning of that status." "Once you become number one, you have more space and time to think, can challenge yourself to new things. You can develop new technologies, and be more considerate of your customers. I want to be responsible in the truest sense of the word." That's why he declares, with his broad smile, "It's good to be number one at everything."

"流": To discern the flow of time, of

헤엄치려는 심술쟁이는 사업가로서 실격이라는 뜻입니다. 심술쟁이는 사업가로 적합하지 않아요. 싸울 상대방을 선택해야 합니다. 시장을 선택할 수 있으니 이 또한 중요한 의사결정이죠." '어떤 사업의 도메인에 참여할 것인지는 사장이 정한다.'

공攻: 공략하는 것.

"안정적인 일은 혁명을 일으킬 수 없습니다." 사업가에게 공략이란 무엇일까? "기술에 대해서 잘 아는 것이죠. 영업에서도 타의 추종을 불허하고 교섭력도 훌륭해야 합니다." 동생 손태장이 기록한 '손정의론孫定義論[1]'은 이렇게 본질을 찌르고 있다. "어떤 분이 '손정의는 이제 사업회사의 사장이 아니라 VC펀드의 파트너 같다'라고 말씀하셨는데 반은 맞는 말이고 반은 틀린 말입니다." 손정의가 연이어 대규모 매수를 벌이면서 벤처 투자로 좋은 실적을 보여준 것은 사실이다. 하지만 그런 성공을 뒷받침한 것은 사업가로서 얻은 지견知見때문이었다. 일본 전역의 구석구석까지 인터넷 인프라를 구

eras.

"Being a half step, one step, three steps ahead. Strategizing while constantly predicting what's to come." "What I'm trying to do is aim for the very center of the very center. There's no need to overcomplicate things. Contrarian people who decide purposely to go against the flow of the times have failed as entrepreneurs. Contrarians are not suited for business. You have to be selective about who you battle against. You can choose the market you go into, and that's a very important decision. The president chooses what business domains the company will go into." When combined, the characters for "one" and "flow" mean "top-notch."

"攻": "What's bad is not taking on challenges."

"You can't do reasonable things and expect to revolutionize things." What is "攻" for a entrepreneur? "Knowing a lot about technologies. Being unmatched in sales and incredible at negotiation." Son's younger brother

축하고, 포털 사이트에 인터넷 통신판매를 하며 여러 개의 사업을 성공시킨 경영자이기에 그 어떤 투자가에게도 지지 않을 정확성으로 기업의 가치를 평가할 수 있었던 것이다. 손태장은 형의 역량을 이렇게 평가했다.

"테크놀로지에 대해서 기술적인 가치와 경제적인 가치를 두루 고려하면서 미래를 예측할 수 있는 능력. 이 능력만은 누구든 아무리 노력해도 형을 이길 수 없을 것입니다. 이런 의미에서 형을 '세계 최고의 벤처 캐피털리스트'라고 해도 과언이 아니라고 생각합니다."

수守: 지킨다는 것.

"벤처 기업이 망하는 가장 큰 원인은 자금 조달 때문이다. 잘 공략하기 위해서는 자금을 확보해야 한다. 원활한 자금 조달로 망하지 않도록 하면서 더욱 공략해 나간다. 공격과 수비를 동시에 진행한다. 법령을 준수한다. 옳은 일이 아니면 절대로 하지 않는다."

Taizo got to the heart of this when he wrote "The Theory of Masayoshi Son."[1] "Someone said to me, 'Masayoshi Son seems more like a VC fund partner than the president of a company.' This observation is in some respects totally wrong, but in others totally accurate." It is a fact that Son has strategized for and implemented numerous large-scale buyouts, and that he has performed well with regards to his venture capital investments. On the other hand, however, it is the knowledge that he accrued as an entrepreneur that has made this success possible. His success, as a businessperson, in constructing Internet infrastructure all throughout Japan, running portal websites, managing E-commerce, and so forth, is what allows him to evaluate companies at the same level as professional investors.

Taizo Son says about Son's abilities, "The fact that he can predict the future, evaluating technologies through both technological and

군群: 낱개個에 의존하지 않는다는 것.

하나의 상품, 한 명의 직원, 하나의 사업 분야에 의존하지 않는다. "우리는 의도적으로 이종혼합異種混合을 추구한다. 그 끝에는 동지적 결합同士的結合이 존재한다. 멀티 비즈니스 모델 전략이다. 싱글 그랜드, 싱글 비즈니스 모델로는 300년을 지속할 수 없다. 야후(현 Z홀딩스), 알리바바, 암…. 뜻을 함께하고 있는 최고의 회사들이 무리를 이루고 함께 공창共創한다. 소프트뱅크 그룹은 자율, 분산, 협조하는 기업 집단이다.

financial perspectives —this is something he's better at than almost everybody in the world. And in that sense, it may not be an exaggeration to say that he's the world best venture capitalist."

"守":"守" is finance, cash.

"Most start-ups fail because of issues with cash flow. Acquire the capital to go on the offense. Make sure to keep a healthy cash flow, while also going on the offensive. We attack and defend at the same time. Complete compliance with laws and regulations. We cannot do anything that goes against justice."

"群": Do not rely on "individuals" whether it be one product, one person, or one field of business. "We try to be heterogenous on purpose." The objective is to have mutual bonds of companionship, a strategy involving multiple business models. "You can't go 300 years on a single brand, on a single business model." Yahoo(current Z Holdings), Alibaba, Arm… Number-one companies that share the same ambition, coming together and coexisting. The SoftBank Group itself is a corporate group that is autonomous, decentralized, and cooperative.

1 http://facebook.com/taizoson/posts/10153875140629492

1 https://www.facebook.com/taizoson/posts/10153875140629492

제5장
언행일치

Talk the Talk, Walk the Walk

약속은 반드시 지키겠습니다
I Will Always Honor Our Promise

2005년 손정의는 자신이 직접 그린 그림에 모바일폰 기능을 더한 iPod 스케치를 스티브 잡스에게 건넸다. "마사(스티브 잡스가 손정의를 부르는 애칭.), 나는 그거 필요 없어요. 이미 내 것이 있거든요." 아이폰이 정식으로 발표되기 2년 전부터 이미 스티브 잡스의 머릿속에는 완성형의 모습이 자리잡고 있었다. 그렇다고 의기소침할 손정의던가? "제품이 완성되면 일본 시장용 제품은 저에게 주세요." 제품이 완성되면 일본 판매권을 자신에게 달라고 말한 것이다.

It was 2005, and Son had just handed Steve Jobs a sketch he had drawn, of an idea he had had. It was of an iPod that also functioned as a cell phone. "I don't need that, Masa. I have my own." This was two years before the release of the iPhone, but the vision of what it would be was already complete in Jobs' mind. But Son wasn't discouraged. "Once your product is complete, give the ones for Japan to me." Son was proposing that Jobs give him sales rights for the product in Japan, once it was released.

"You're crazy, Masa. I haven't even

"마사, 당신은 제정신이 아닌 것 같아요. 제품 개발에 대해서 아직 아무한테도 말하지 않았어요." 스티브 잡스가 말했다. "하지만 나를 처음으로 만나러 와줬으니 당신에게 줄게요." "당신이 약속을 지켜준다면 나도 일본 통신업자carrier가 되겠어요." 이때의 약속대로 손정의는 2006년에 155억 달러(약 21조 4365억원)를 투자해 영국 보다폰Vodafone의 일본 법인을 매수했다. 이것이 지금의 통신 회사 소프트뱅크의 시작이다. 물론 그날 스티브 잡스와 만나서 계약서를 작성한 것은 아니었지만 일단 입 밖으로 뱉은 말은 계약서보다 훨씬 무겁고 중요하다는 사실을 그 둘은 이미 알고 있었다.

2011년 10월 5일, 스티브 잡스는 향년 56세의 나이로 세상을 떠났다. 손정의는 애도의 뜻을 전했다. "스티브 잡스는 예술과 테크놀로지를 접목시킨 진정한 천재입니다. 수백 년 후에 사람들은 그와 레오나르도 다빈치를 동등하게 평가할 것입니다. 그의 위대한 업적은 영원히 빛날 것입니다."

talked to anyone about development yet," said Jobs, shocked. "But I'll give it to you because you came see me first." "I'll be your Japan carrier, if you honor that promise." Son went on to buy Vodafone Japan, the Japanese leg of the U.K. company Vodafone, for 15.5 billion dollars in 2006. This was the beginning of what is now the communications company SoftBank. Of course, they had never signed any contracts. They both knew, however, the verbal agreements between them carried far more weight than any contract.

On October 5, 2011, Jobs passed away at the age of 56. Son immediately released a statement, mourning his death. "It's very sad. Steve Jobs was a modern genius who was an expert in both art and technology. In several hundred years, people will look back on him as a figure equivalent to Leonardo da Vinci. His achievements will live on forever."

Two years after Jobs' death, on October 21, 2013, Son lost someone who was irreplaceable to him: Kazuh

스티브 잡스가 세상을 떠나고 2년 후인 2013년 10월 21일, 손정의는 그 무엇과도 바꿀 수 없는 소중한 사람을 또 한 명 잃었다. 향년 76세의 나이로 작고한 가사이 가즈히코笠井和彦다. 일본의 전통 메이저 은행에서 회장직까지 올랐던 그는 손정의의 간곡한 부탁으로 63세에 소프트뱅크(현 소프트뱅크 그룹)의 임원이 되었다. 닷컴 버블의 붕괴로 주가가 100분의 1로 폭락했을 때도, ADSL 사업이 몇백억 엔의 적자를 4년 연속 기록했을 때도, 보다폰 매수라는 대담한 결단을 내렸을 때도 손정의를 변함없이 지지해 주던 사람이었다. 그런 가사이 가즈히코가 손정의의 의견에 맹렬하게 반대했던 때가 있었다. 리먼 사태가 어느 정도 수습되고 실적이 상향 곡선을 그리고 있던 시기였다.

손정의는 가사이 가즈히코에게 조사弔辭를 올렸다. "한번은 '주가가 오르거나 떨어질 때마다 주주들에게도 심려를 끼치고, 애널리스트나 저널리스트에게도 이런저런 설

iko Kasai. He was 76. Kasai had worked his way up the ladder to being the chairman at a major Japanese bank, and become a Director at SoftBank (current SoftBank Group) at the age of 63, at Son's request. He had always supported Son, even during the dot com collapse, when SoftBank's stock price became a hundredth of what it had been before, and even when the ADSL business had lost tens of billions of yen four years in a row. Even when Son had made the dramatic decision to buy out Vodafone. There had been just one instance in which Kasai had been in fierce disagreement with Son. It was around the time the chaos from the collapse of Lehman Brothers was finally settling down, and SoftBank's company performance was going up.

Son said, in his condolence address for Kasai, "I personally thought the stock volatility worried investors, and it was tedious to explain these fluctuations to analysts and journalists too. So I said to him, 'I think maybe we should go private, and I can be

명을 해야 하니 참 복잡하고 번거롭습니다. 어떨 때는 상장을 폐지하고 저 혼자 개인적으로 회사를 운영할까도 생각합니다'라며 상담을 청한 적이 있었습니다. 그런데 그때 '그건 절대 반대'라며 저를 말리셨어요." 가사이 가즈히코는 손정의에게 이렇게 말했다고 한다. "실제로 실적이 상당히 좋아지고 있으니 주식 상장을 폐지하고 개인 회사로 돌린다면, 자산 조달은 가능하겠지. 어떻게든 되겠지. 하지만 손 사장, 괜찮겠어? 소프트뱅크가 더 큰 무대로 나아가 세계를 향해서 날아야 하지 않겠나? 그런 번거로움이나 귀찮음 때문에 우리의 꿈을 작게 만들면 쓰겠나?"

가사이 가즈히코의 말을 되새기며 손정의는 말했다. "돌이켜 보면 만일 그때 가사이 선생님께서 저를 말리지 않으셨다면 그 이후에 스프린트 매수는 꿈도 못 꿨을 겁니다. 더 큰 꿈을 그려나가겠다는 도전이나 승부도 무리였을 것입니다." 이때 손정의가 마음에 새긴 말이 있다고

personally responsible for the company, and he stopped me, saying, 'I am completely against that idea.'" Kasai said to Son, "It's true the company is doing very well now, so it would be possible for us to go back to being private—it would be possible to get those resources. We'd figure it out. But is this really what you want? SoftBank needs to go out into the world and, become even bigger. Are you really going to make our dream smaller just because things are tedious, or complicated?"

Looking back on Kasai's words, Son said, "Now, looking back on it, I realize that we probably wouldn't have been able to buy out Sprint if Kasai hadn't stopped me at that point. It would have been impossible for us to have dreamed as big as we did after that, too." It was then that Son had etched these words into his mind. "I will honor our promise."

Kasai had always supported Son and his boundless ambitions. This was

한다. "당신과의 약속은 반드시 지키겠습니다."

가사이 가즈히코는 항상 큰 꿈을 그리는 손정의를 응원해 주었다. 그래서 스스로 큰 꿈을 접고 작게 만들려는 선택의 길에 섰을 때 손정의의 뜻을 맹렬하게 반대한 것이다. 그의 마음을 손정의는 깊이 이해했다. 약속이란 큰 꿈을 함께 공유하는 것이다. 그것은 자신과의 약속이기도 하다. 지금 손정의는 그 약속을 잊지 않고 있다. 그는 반드시 실현시킬 것이다.

exactly why he had been so against the idea of Son making this decision that would limit his dream. Son understood that with all of his heart. A promise is a sharing of an incredible dream. It is also a promise to yourself. Even now, Son has not forgotten this promise. He will make it happen.

- 故 가사이 가즈히코의 '작별회'에서 눈물을 흘리는 손정의의 모습.

- 참례하는 잭 마의 모습.

머리카락이 후퇴하는 것이 아니다
내가 전진하고 있는 것이다

My Hair Isn't Receding
I'm Just Advancing

손정의가 2013년 1월 8일 트위터에 올렸던 글이다. '머리카락이 후퇴하는 것이 아니다. 내가 전진하고 있는 것이다'. '머리카락의 후퇴 속도가 심히 빠르다'라고 지적한 트위터에 단 댓글이었다. 이는 4만 개 이상 리트윗되었고 많은 이들의 갈채를 받았다.

손정의는 실제로도 계속 전진해 나갔다. 수많은 대규모 매수를 진행하며 전진 속도를 높이고 있었다. 1995년에는 세계 최대 컴퓨터 전시회인 '컴덱스COMDEX' 사업 부분을

On January 8, 2013, Son sent a tweet. "My hair isn't receding. I'm just advancing." This was in response to a tweet that joked about Son's "dramatically receding" hairline. This response got him over 40,000 retweets, and acclaim, as well as quite a few laughs.

Son was indeed advancing continually. Through a series of large-scale buyouts, he'd accelerated his pace. In 1995, he bought the sales division of the world's largest computer trade fair, COMDEX, for approximately

약 800억 엔(약 7774억 8800만 원)에, 1996년에는 컴퓨터 관련 세계 최대 출판사인 지프 데이비스 퍼블리싱Ziff Davis Publishing을 약 2,100억 엔(약 2조 409억 원)에 각각 매수했다. 총액으로 따지면 약 2,900억 엔(약 2조 8183억 원)의 투자였다. 주식 공개(1994년) 당시에 소프트뱅크(현 소프트뱅크 그룹)의 기업 가치가 약 2,700억 엔이었으니 그를 웃도는 큰 규모였다. 36세에 상장해서 2년 동안 쉬지 않고 연이어 결정한 큰 거래들이었다. 이때를 회상하며 손정의는 "세계무대로 진출하기 위한 지도와 나침반을 손에 넣었다"라고 말했다.

또한 그는 2006년에 영국 보다폰의 일본 법인(현 소프트뱅크)을 약 1조 7,500억 엔(약 17조 75억 5천만 원)에 매수했다. 통신회사carrier를 손에 넣자마자 2008년 아이폰 판매를 바탕으로 계약자 수를 폭발적으로 늘려나갔다. 그리고 2013년에는 미국 통신회사인 스프린트Sprint를 약 1조 8,000억 엔(약 17조 4934억 8천만 원)에 매수했다. 2016년에는 영국 반도체

80 billion yen, then in 1996, Ziff Davis Publishing, the world's largest publisher for computer-related literature, for approximately 210 billion yen. He had invested a total of approximately 290 billion yen, at a time when SoftBank's (current SoftBank Group) corporate value, following its initial public offering in 1994, was 270 billion yen—less than the amount he had invested. He had listed the company at 36 years old, and made these massive deals over the course of the next two years. Says Son, "I acquired the map and the compass I needed to sally forth into the world."

In 2006, SoftBank aquired out Vodafone Japan (current SoftBank) for approximately 1.75 trillion yen. This acquisition of the telecommunications carrier allowed Son to gain sales right to the iPhone, thereby dramatically increasing the number of contracts for the company. In 2013, he bought out the U.S. telecommunications company Sprint for approximately 1.8 trillion yen. And in 2013, he bought out the

설계 회사인 암Arm을 약 3조 3,000억 엔(약 32조 173억 8천만 원)에 매수했다.

탈모와 관련된 트위터 역시 호쾌한 진격으로 이어졌다. '내가 전진하고 있는 것이다'라는 트위터가 화제를 모은 이후 9개월이 지난 2013년 10월 8일에는 '경쟁사와 머리카락 한 올도 남지 않는 소모적인 저가 경쟁을 하고 있다'라는 기사에 '머리카락이 한 올도 없지는 않다. 아직 조금은 남아 있다'라고 리트윗하여 웃음을 자아내기도 했다. '탈모는 병이 아니라 남자라는 증거다'라는 글도 함께 남겼다.

탈모와 관련하여 이야기하자면 일본 교토대학 iPS 세포 연구소의 소장이자 교수인 야마나카 신야山中伸弥를 빼놓을 수 없다. 2012년 10월, 그가 노벨 생리의학상을 수상할 당시에 공동 수상자인 존 거든John Gurdon 교수에게 이런 코멘트를 남겨 청중들의 웃음을 자아냈다. "매우 존경합니다. (덥수룩한) 머리숱도 포함해서 모

major U.K. semiconductor design company Arm for approximately 3.3 trillion yen.

The discussion on balding continued as well, with dramatic developments. Nine months after the "advancing" tweet, on October 8, 2013, Son responded to an article on "the bald and pointless price-cutting war between SoftBank and its competitors." "Not bald yet. There's still a little left," he retweeted. There was another tweet that said, "Balding isn't a disease, it's what it means to be a man."

Shinya Yamanaka Nobel laureate in Physiology or Medicine 2012, has also joked about hair. At the Nobel Prize ceremony, Yamanaka, a professor at Kyoto University and director of the university's Center for iPS Cell Research and Application Building, drew laughs with his comment about his co-winner John Gurdon. "I admire you so much—with regards to everything, including your hair." "I admire your

든 것이 부럽습니다. 그의 훌륭한 머리를 존경합니다. 내적으로도 외적(숱이 많은)으로도 말입니다."

손정의와 야마나카 신야는 닮은 점이 많다. 야마나카 신야의 아버지는 마을 공장을 경영하고 있었다. 그는 손정의와 마찬가지로 자기 소신대로 독립적으로 일하는 아버지의 등을 보며 자랐다. 아버지에게 '경영자가 될 재목은 아니다. 대를 잇지 말라'는 말을 듣고 의사가 되려고 했으나 연구소 소장이 되었고, 현재는 크라우드 펀딩 같은 다양한 방법을 통해 자금을 조달하는 등 자신만의 영역을 구축하고 있다.

손정의는 16세에 미국으로 건너가 캘리포니아의 푸른 하늘 아래에서 처음으로 '해방감'을 맛보았다. 야마나카 신야는 일본에서 박사 학위를 취득한 1993년 30세의 나이로 미국에 건너가 캘리포니아대학교 샌프란시스코 캠퍼스 글래드스턴 Gladstone 연구소에서 박사 연구원으로 유학 생활을 시작했다. 이후 iPS 세포 제작의 기초가 되는 연구에 몰

brilliant head—both inside and outside [your thick hair]." Son and Yamanaka have more than a few things in common.

Yamanaka's father was the manager of a small-scale factory in town. Like Son, he grew up watching his father, who was self-reliant and made an independent living. He became a doctor, he says, because his father told him he "wasn't suited for management, and shouldn't take on the business." Despite that, Yamanaka is now the director of his research center, and has become a king of sorts with regards to procuring funds through methods like crowdfunding.

Son went to the U.S. at the age of 16 and had experienced the "freeing of the self" that happens under the Californian skies. Yamanaka, after completing his PhD in 1993, studied abroad as a postdoctoral fellow at the University of California, San Francisco's Gladstone Institutes at the age of 30. There, he devoted himself to the research that would serve as the

두했다. 의사가 되기에는 서투르고 적성이 보이지 않았다는 야마나카 신야는 이 분야에서 연구자로서 큰 재능을 꽃피울 수 있었다. 캘리포니아의 푸른 하늘에는 무언가 특별하고 신기한 힘이 있는 모양이다.

  유학을 통해서 야마나카 신야가 얻은 것은 이것만이 아니었다. 브이더블유VW, 즉 '비전Vision'과 '워크하드Work Hard'. 이 두 가지만 제대로 갖추고 있다면 연구자로서는 물론이고, 어떤 일을 하던 인생에서 반드시 성공한다는 가르침을 은사 로버트 말리Robert Mahley에게 배웠으며 지금도 그의 좌우명으로 삼고 있다.

  세계를 무대로 자신의 비전을 실현하기 위해서 정진하는 손정의와 야마나카 신야. 세계무대에 서 있다고 해서 이들이 매 순간 어깨에 힘을 주지는 않는다. 절묘한 타이밍에 유감없이 유머를 발휘한다. 느닷없이 터져 나오는 웃음은 주변 사람들의 마음을 움직이고 그들의 꿈을 단순한 꿈이 아니라 현실로 바꾸는 힘으로 작용한다. 그렇게 이 두 사람은

foundation for his later research in iPS cell production. Yamanaka, who said he made a clumsy doctor, found that his skills as a researcher blossomed in this new environment. It seems there is something truly special, magical, about those blue skies in California.

  This, however, was not the only thing Yamanaka gained during his time abroad. VW, or "Vision" and "Work Hard." He learned from his teacher Robert Mahley that these two things were all you needed to succeed, not just as a researcher, but in life. This is still Yamanaka's motto, even now.

  Son and Yamanaka are both working toward the realization of their dreams, on the world stage. But this isn't to say that they are always stiff and formal. Both men, on occasion, amuse people with their sense of humor. The laughter that they draw moves people's emotions, and acts as the power with which they change their dreams into reality. And these two very individuals also serve as the President and Vice President of the Masason Foundation.

손정의 육영 재단의 대표 이사와 부 대표 이사를 역임했다.

실리콘 밸리가 되고싶다

I Would Rather Be Silicon Valley

2014년 3월 11일, 미국의 인기 TV 프로그램인 〈찰리 로즈Charlie Rose 쇼〉에 출연한 손정의는 일본 기업가들에 대한 경의를 표하는 것으로 말문을 열었다. 찰리 로즈가 물었다. "당신의 영웅은 혼다 소이치로本田宗一郎와 모리타 아키오盛田昭夫지요?" 손정의는 미국 청중들을 바라보며 이렇게 답했다. "혼다의 혼다 소이치로와 소니의 모리타 아키오는 열정과 비전을 가지고 있었습니다. 그들은 대기업의 창업자이고 자동차 업계와 전기 업계의 선구자들이지요. 정부의 도움 없이 기존 세력과 맞서

March 11, 2014. Son began his interview on the popular American TV talk show with Charlie Rose by discussing his respect for legendar y Japanese entrepreneurs. "Your heroes were Mr. [Soichiro] Honda and Mr. [Akio] Morita of Sony," said Charlie Rose, who at the time was one of America's most famous TV hosts. Son turned to address the American public, and said, "Because Mr. Honda of Honda and Mr. Morita of Sony had a passion, a vision, and they were founders of huge brands. Because they were pioneers. They pioneered the automotive industry, they pioneered

싸웠습니다." 찰리 로즈는 손정의에게 '변화구'를 던졌다. "당신은 '크리에이티브 가이'보다는 오히려 '파이낸셜 엔지니어' 아닌가요? 교섭을 잘하고 교섭하기 좋은 회사를 잘 찾아내잖아요."

찰리 로즈가 의미하는 파이낸셜 엔지니어는 프로 투자자를 뜻하는 것이었을까? 찰리 로즈의 비꼬는 듯한 질문에 손정의는 비유를 들어 명쾌하게 대답했다. "만일 스티브 잡스가 아트와 테크놀로지라면 저는 파이낸스와 테크놀로지라고 할 수 있습니다." "아트가 아니라고요?"라고 찰리 로즈가 놀라며 되물었다. 기업가 스스로 아티스트가 아니라고 단언하는 것이 의외였던 모양이다.

"저는 아트를 좋아하지만 아티스트는 아닙니다. 저에게 가장 중요한 것은 정보의 혁명이고 인류를 위해서 새로운 라이프 스타일을 만드는 일이죠. 만일 저에게 인류를 위해 정보 혁명을 이끌수 있는 힘이 있더라도 모든 것을 저 혼자 할 필요는 없습니다. 저는 인재들의 재능을 활용

the electronics industry in Japan, fighting against existing powers without help from the government." Charlie Rose went in with a curveball question. "Are you more the financial engineer, who understands how to make a deal, but also understands how to find the companies that you want to make a deal with, rather than being the creative guy?"

By financial engineer, Rose probably meant someone who engineers investments—an investment professional. Son, seeing the irony in this statement, responded with a simple metaphor. "If Steve [Jobs] is art and technology, I am finance and technology." "No art," said Charlie Rose, surprised. Perhaps it was rare for entrepreneurs to announce that they were not artists.

"I love art, but I'm not an artist. To me, what's more important is the Information Revolution—creating a new lifestyle for mankind. If I can help bring the Information Revolution to mankind, I don't have to do everything myself. I can use everyone

하고 인프라를 구축할 수 있습니다. 제가 페라리나 혼다를 다시 만들 필요는 없어요. 하지만 모든 아름다운 자동차를 위해서 하드웨어를 제작할 수는 있습니다. 자동차 혁명을 위해서 전체적인 에코 시스템을 만드는 것과 같죠. 이것이 제가 하고자 하는 일입니다. 즉 정보의 혁명을 일으키려고 하는 것입니다."

과거 손정의는 일본이 인터넷 기기가 발달하기 위한 하이웨이라고 불리는 인프라 설비가 부족하다고 판단했다. "그래서 저는 일본의 정보 하이웨이를 99%나 점유하고 있는 NTT에 도전장을 내밀었죠."

"교섭에 임할 때 당신의 철학은 무엇인가요?" 찰스 로즈의 질문에 손정의는 자신 있게 답했다. "저는 미래를 바라봅니다. 과거도 아니고 현재도 아닙니다. 저에게 좀 더 힘이 있다면 향후 10년, 20년에는 무엇을 할 것인지 말입니다."

"무엇이 당신을 흥분시키나요?"

else's talent, and I'll be in charge of the infrastructure. I don't have to create a Ferrari or Honda. I can create a highway for all the other amazing automobiles. I can create the toll gates, the entire ecosystem for the automobile revolution. That's what I'm trying to do. I'm bringing the Information Revolution."

Son had once said that Japan, for all its advancements in Internet technologies, suffered from a relative lack of infrastructure (the "highway"). "So I went in to challenge NTT, which had a 99% market share of the Japanese Information Highway."

Rose asked Son what his negotiating philosophy was. Son's response was measured and confident. "I'm looking at the future—not the past, not the present. What we can do in 10 years, in 20 years, if we get more power."

— What excites you?

"The Information Revolution is the only thing I want to devote my

다시 찰스 로즈가 물었다. "저에게 있어서 정보의 혁명은 인생을 걸고 반드시 이루어야 하는 유일한 일입니다. 인류 역사상 농업 혁명과 산업 혁명에 이어 세 번째인 정보 혁명은 결코 작은 혁명이 아닙니다. 앞으로 300년 동안 계속 이어질 것입니다. 그래서 '300년 비전'을 가지고 있는 것이죠. 저는 무엇보다 정보 혁명에 초점을 맞추고 싶습니다."

이어지는 대화에서 손정의가 긍지를 가지고 자신을 '아티스트가 아니다'라고 선언한 이유가 나왔다. 그리고 일본의 선배 기업가들에 대한 경의를 담은 '안티테제antithese(반정립)'도 있었다. "저는 테크놀로지가 자사로부터 탄생되느냐 마느냐는 크게 신경 쓰지 않습니다. 그저 이노베이션을 저희의 에코 시스템 안으로 집어넣고 싶을 뿐입니다. 미국의 수많은 회사가 하나의 브랜드에 집착합니다. 하나의 비즈니스 모델로 세계를 정복하려는 것이죠. 하지만 저는 그렇지 않습니다. 파트너십을 믿고 조인트 벤처를 설립하기도

life to. Mankind had the Agricultural Revolution, the Industrial Revolution, and now this is the third one—the Information Re volution. This is a signific ant development, and it'll last for the next 300 years. That's why we have a 300-year-vision, and why we want to focus on the Information Revolution," Son said.

In the conversation that follows, it becomes clear why Son had announ ced "I'm not an artist," with such pride. Son also took issue with the zero-sum mindset of many businesses today. "I don't care whether these technologies are invented by us and our employees," he said. "What I want is to incorporate every body's innovations into our ecosystem. "So many American companies are interested in one brand, one business model to conquer the world. I'm not that kind of guy. I believe in partnerships, and we do many joint ventures. I make my own decisions about which entrepreneurs to invest in, and try to help them develop

해요. 기업가들에게 투자할 것인지 말 것인지 의사 결정도 합니다. 그들의 열정이 더욱 불타오를 수 있게 돕기도 하죠. 즉 제가 이런 훌륭한 기업가들을 도우면 위대한 테크놀로지나 색다른 서비스가 탄생하는 것입니다. 이것만큼 기쁜 일이 어디 있겠습니까? 굳이 제가 영웅이 될 필요는 없습니다. 저는 우리가 만들어낸 에코 시스템 전체의 영웅이 되고 싶어요. 이것이 저의 300년 비전입니다. 저는 하나의 제품, 하나의 비즈니스 모델, 하나의 브랜드에 집착하지 않습니다."

테크놀로지 발전에 기여하는 것을 최우선으로 생각한다면 자신은 아티스트가 아니라도 좋다. 파이낸셜의 힘으로 아티스트인 기업가들의 열정을 지지하고, 더욱 불타오를 수 있게 돕는다. 이것이 손정의식 사고다. 이와 같은 기업의 모습은 혼다나 소니와는 명확하게 다르지만, 이것이야말로 손정의가 일본 기업 사회에 일으킨 가장 큰 이노베이션이라고 할 수 있을 것이다.

their passions. If I can assist all these incredible entrepreneurs, we can come up with great technologies, great services. And nothing would make me more happy. I don't need to be a hero. I'd rather be a hero for the total ecosystem that we create. That is my 300-year vision. I don't constrain myself to one product, one business model, one brand."

When the advancement of technology is your number one priority, there is no need to be an artist. Son could use his financial power to support the "artists," the entrepreneurs—to fire up their passions and drive them to success. This is Son's line of thought. In that sense, Son's stance on entrepreneurship is clearly at odds with companies like Honda Mortor and Sony. This change in perspective may be the most significant innovation Son has brought to the Japanese corporate landscape.

As Son put it, "I would rather be Silicon Valley." This desire goes far

"저는 제 자신이 실리콘 밸리이고 싶어요." 그는 이렇게 말했다. 실리콘 밸리에 회사를 만들고 싶다거나 커뮤니티를 만들고 싶다는 것과는 차원이 다른 포부였다. 자기 자신이 실리콘 밸리와 같은 에코 시스템이 되고 싶다는 것이다.

beyond creating a company or a community that could exist in Silicon Valley. The passion with which he spoke conveyed his desire for he himself to be the Silicon Valley ecosystem.

재능을 꽃피울 수 있는 환경
Free Yourself! Fly Free!

2016년 12월 5일, 손정의는 개인 자산을 투자해 손정의 육영 재단을 설립했다. 부대표 이사로는 2012년 노벨 생리의학상을 수상한 교토대학의 연구소장인 야마나카 신야를, 이사로는 도쿄대학 총장인 고노카미 마코토五神真를, 평의원(어드바이저)에는 일본 장기 연맹 기사인 하부 요시하루羽生善治를 임명했다. 그가 육영재단을 설립한 '목적'은 이렇다. '드높은 뜻'과 '비상한 능력'을 갖춘 젊은이들에게 자신의 재능을 꽃피울 수 있는 환경을 제공하고 인류의 미래에 기여하기 위한 것이다.

On December 5, 2016, Son established the Masason Foundation using his own private funds. For Vice President, he appointed Shinya Yamanaka of Kyoto University, Nobel laureate in Physiology or Medicine 2012. The directors included such names as Makoto Gonokami, President of The University of Tokyo, and advisors included Yoshiharu Habu, a professional shogi player. His objective in establishing the foundation was announced as follows. "Providing an environment that enables youth with high aspirations and exceptional talents to develop their skills, and

손정의가 싫어하는 음식이 있다면 '마쿠노우치 벤토幕の内弁当'(흰 쌀밥에 여러 요리가 조금씩 들어있는 도시락)라는 도시락이다. 점심 도시락을 사러 가는 비서에게 '마쿠노우치 벤토는 피해 달라'고 부탁한 적이 있을 정도다. 그렇다고 딱히 좋아하는 메뉴가 있는 것도 아니다. 다만 고기라면 고기, 생선이라면 생선, 중식이라면 중식처럼 팔고자 하는 메뉴가 명확한 음식을 좋아했다. 개성이 뚜렷한 몇 개의 선택지가 있어서 그중 한 가지를 선택할 수 있으면 좋겠다는 것이다. 유명한 도시락 가게의 것이 아니어도 좋아했다. 브랜드는 그다지 신경 쓰지도 않았다.

손정의와 만날 때마다 나는 상점가의 작은 일본식 전통 과자점에서 도라야키どら焼き[1]가 아닌 '토라야키 虎焼き'를 선물로 사 들고 간다. 일부러 '토라야키'라고 부르는 이유는 다 구워진 빵에 호랑이(일본어로 토라 虎라고 한다-역자) 줄무늬가 새겨지기 때문이다. 이 맛있는 빵은 작은 공방에서 노부부가 만든 전통 과자로

contributing to the future of humankind."

There's a Japanese dish that Son dislikes called makunouchi bento (the most standard type of Japanese bento, with rice and several different side dishes in a good balance). He even once told his secretary, who was going out to buy him a bento for lunch, "Just not makunouchi bento, please." It's not that he has very specific taste in food. He just likes it when bento are clear about what they're offering—meat in a meat bento, for example, fish in a fish bento, Chinese food in a Chinese bento, etc. For him, the best case scenario is choosing from amidst multiple, very unique bento. They don't have to be from famous stores. He doesn't care about brands.

Once, when I met with Son, I brought him not a dorayaki[1], but a "torayaki" that I'd bought at a small Japanese confectionery downtown, as a gift. It is called a torayaki because the grill marks make a pattern like tiger(tora) stripes. It is the kind of

소박하지만 그들만의 개성이 묻어있다. 손정의는 그런 먹을거리를 참 좋아했다.

창업 30주년을 기념해서는 토라야키가 아닌 홍백만두를 준비하게 되었다. 나는 만두 가게 주인에게 만두에 숫자 30을 각인해 달라고 요청했는데 완성품을 받고 나서는 깜짝 놀랐다. 각인 기념품을 부탁해 본 적이 없어서였을까? 숫자 각인이 어딘지 모르게 옹졸하게 느껴졌다. 그러나 내 걱정과는 반대로 손정의는 그 만두의 생김을 보고 무척 기뻐했다. 맛은 좋았지만 각인이 치졸해 보였다. 손정의는 그런 서툴고 촌스러운 구석을 사랑스러운 눈빛과 미소로 바라보며 늘 그렇듯 매우 정중하게 감사하다고 말해주었다.

사람의 취향도 닮은 점이 있다. 손정의 육영 재단은 비상한 능력을 갖춘 젊은이들을 지원하고 있다. 2019년 7월 1일을 기점으로는 187명의 젊은이를 지원했다. 나이는 8세부터 28세까지. 로봇, 프로그래밍, 수학, 물리, 과학에서부터 문학, 예술에 이

Japanese confectionary that's made by old couples in a small kitchen, very good but plain and simple, with a distinct characteristic. This is the kind of food that Son likes.

For the celebration of the company's 30th anniversary, I decided to take kohaku manju (red and white steamed buns, thought to be auspicious) instead of torayaki. I asked them to inscribe the number 30 on the buns. When I received it, however, I was stunned. Perhaps they had never made a commemorative product with an inscription on it—but the way the numbers were inscribed looked rough, inexperienced. Son, however, enjoyed this fact immensely. It tasted good, but the inscription was obviously not done well. He gazed at the manju, as if to relish in this clumsiness, and thanked me very politely, as he always did.

His felt similarly towards people as well. The Masason Foundation supports young people with exceptional talents. As of July 11, 2019, the foundation is supporting 187 young

르기까지 다양한 분야에서 능력을 갖춘 젊은이들을 모집하고 있다.

2018년 12월 26일, 손정의 육영재단의 연차 보고회에서 그는 젊은이들에게 이런 성원을 보냈다. "저는 16세에 미국으로 건너가 그곳에서 매우 큰 자극을 받았습니다. 전혀 다른 환경에서, 전혀 다른 언어로, 전혀 다른 생각을 하는 사람들과 만나는 것만으로도 뇌가 단숨에 활성화되는 느낌을 받았습니다. 여러분들처럼 능력을 갖춘 젊은이들이 일상을 공유하고 서로가 좋은 자극을 주고받는다면 훨씬 더 크게 발전하고 성장할 수 있을 것입니다. 눈을 크게 뜨세요. 반드시 자신의 손으로 큰 기회를 꽉 잡아 많은 사람에게 도움을 줄 수 있는 위대한 인물이 되었으면 좋겠습니다."

손정의는 "일본 교육을 평균으로 끌어올리고자 노력한다. 미국이나 중국은 상위의 능력을 갖춘 인재들을 더욱 크게 육성하고자 한다. 나는 일본의 미래 성장에서 절대 빠뜨릴 수 없는 미래의 리더가 될 재목

people, with ages as varied as 8 to 28. It gathers those with exceptional talents in a variety of fields, from robotics, programming, mathematics, physics, and science, to literature and even art.

On December 26, 2018, at the Masason Foundation Annual Report Meeting, Son gave these young people a pep talk. "I went to the U.S. when I was 16, and was very inspired by what I saw there. The environment was completely different. Interacting with people who think differently, in a different language, really activates your entire brain. And as you young people, with all of your exceptional talents, spend your days together, you will inspire each other and drive one another to be even better. Keep your eyes open, create big opportunities for yourself, and grow into adults who will be of use to people."

"Japanese education focuses on bringing everyone up to the 'average' level. The U.S. and China, on the other hand, are moving towards a system

들을 지원해 나간다"라고 말했다.

　손정의의 어린 시절 장래 희망 중 하나는 학교 선생님이었다. 하지만 당시에는 국적 등의 문제로 꿈을 포기해야 했다. 2017년 2월 10일, 손정의 육영 재단의 행사가 끝나고 나는 손정의에게 물었다. "젊은이들에게 메시지를 보낸다면 무슨 말을 해주고 싶습니까?" "벗어나라! 훨훨 날아라! 다양한 의미에서 말입니다. 이 말을 꼭 전하고 싶습니다!" 손정의는 비상한 능력의 젊은이들이 성장하는 모습을 지켜보고 있다. 그의 눈빛은 환히 빛난다.

that focuses on bringing out and enhancing the unique talents of people at the very top. My work is to assist in cultivating these exceptional talents that will be essential to the future growth of Japan, who will be Japan's future leaders." said Son.

　When Son was in elementary school, his dream was to become a teacher. At the time, however, he had given up on this dream due to certain issues, including his nationality. After a Masason Foundation event on February 10, 2017, I asked Son… What is his message to young people? "'Free yourself! Fly free!' This, in a lot of different ways. This is what I would want to tell them." Son watches over the future of these exceptionally talents, eyes shining.

1 도라야키: 밀가루와 달걀, 설탕 등으로 만든 원반형의 빵 두 장 사이에 팥소를 넣어서 만든 일본 전통 과자.

1 Dorayaki: A Japanese confectionary, with two disc-shaped, pancake-like patties (made with flour, eggs, sugar, etc.) sandwiching sweet red bean jam

제6장
기술진화론

ARITY

Theory of Technological Evolution

조목潮目을 읽어라
Read the Tides

2019년 2월 6일, 2018년 회계연도 제 3사분기 결산 설명회에서 손정의는 비전에 대해 이렇게 말했다. "여러분은 비전이라고 하면 꿈이나 환상적인 로맨스처럼 모호한 것들을 떠올릴지 모릅니다." 하지만 손정의는 비전을 그렇게 생각하지 않았다. "저는 비전은 매우 명확하고 매우 논리적이며 매우 확실한 것으로 바라보고 있고, 무엇보다 큰 도전이라고 생각합니다." 비전을 명쾌하고 의미 있는 결과로 만들기 위해서는 절대로 없어서는 안 될 중요한 것이 있다. 바로 시대가 어떻게 움직일 것인

It was February 6, 2019, at the third quarter earnings results briefing for FY 2018, and Son was discussing his vision. "When I say vision, you may think of something romantic, like a dream or a fantasy—something vague and indistinct." That's not how Son thinks about it. "For me personally, a vision is a challenge you take on, something that's very clear, very logical, and very certain." But in order to make your vision clear and substantial, it's essential to have a clear and accurate understanding of the times, and how they're changing.

지 정확하게 파악하는 일이다.

손정의는 "소프트뱅크 그룹이 걸어온 지난 40년의 역사를 봐주시길 바랍니다"라고 말하며 청중을 사로잡았다. 창업 이래 소프트뱅크는 단 한 가지를 단 하루도 빠짐없이 꾸준히 해오고 있었다. 또 앞으로도 변함없이 해나갈 것이라고 선언했다. 과연 그것은 무엇일까? 바로 '정보혁명'이다. "정보 혁명이라는 파도는 10년에 한 번꼴로 단계적인 패러다임을 일으키고 있습니다. 큰 혁명들을 살펴보면 그 안에 10년에 한 번씩 단계가 착실하게 상승하고 있다는 걸 알 수 있습니다."

그는 정보 혁명의 역사를 되짚어보이며 단계를 나눠서 그 흐름을 설명하기 시작했다. 처음에는 "대형 컴퓨터 시대가 있었고 이내 PC가 탄생했습니다. 마이 컴퓨터가 생겨났고 소프트뱅크 그룹이 탄생했습니다. 여기서부터 인터넷, 브로드밴드, 스마트폰으로 10년에 한 번꼴로 단계가 상승하며 패러다임 시프트

Son invited the audience to "look back on the SoftBank Group's 40-year history." Since its establishment, he announced, there is one thing that the company has done every single day, and that they will continue to do. This something is "driving the Information Revolution." "The waves of the Information Revolution come every decade or so, causing gradual paradigm shifts. The Information Revolution is a massive revolution, the kind that happens only once every several hundred years. And within this revolution, there are forward-moving phases about once every 10 years."

He looked back on the history of the Information Revolution, dividing it into phases and explaining it to the audience. First, he said, "There was the age of large-scale computers, and then the personal computer was born. PCs were born, and then SoftBank was born. Then came the Internet, then broadband, then smartphones, with progressions that created paradigm shifts happening about once every 10

6장 기술신화론 213

가 일어났습니다. 그리고 현재, 저는 가장 큰 패러다임 시프트가 출현할 것으로 예상하고 있습니다. 바로 AI 혁명입니다. 정보 혁명 중에서 가장 큰 패러다임 시프트는 아마도 AI 혁명이 아닐까 생각합니다."

비전이란 매우 명확하고 논리적이며 확실한 것이어야 한다고 단언하면서 "비전은 그렇게 순식간에 급하게 떠오르지 않는다"라고 말했다. "평소에 머리가 터져나갈 정도로 생각에 생각을 거듭하며 골똘히 생각하지 않으면 안 됩니다. 비전은 겨우 이틀, 사흘 생각해서 떠오르는 것이 아닙니다."

시대의 흐름을 정확하게 파악하고 준비한 비전은 모호하지 않지만, 모호하지 않은 시대의 흐름을 잘 타려면 어디까지나 깊고 깊은, 길고 긴 사고가 필요하다는 의미일 것이다. 손정의가 국적을 불문하고 만나는 젊은 기업가들에게 처음으로 하는 말이 있다.

"앞으로 다가올 시대의 흐름을 읽어라. 반 보, 일 보, 삼 보 앞서서 미

years. And right now, I believe we're facing the largest paradigm shift—the AI revolution. I believe the AI revolution will be the greatest paradigm shift within the Information Revolution."

Though Son believes that a vision should be very clear, logical, and certain, he also understands that "vision isn't something that comes to you all of a sudden." He says, "It's something you have to think about on a daily basis, all the time, until your mind is completely wrung out—it's not something that just pops into your head after two, three days of thinking."

Put another way, a vision that accurately captures the shifting times shouldn't be fuzzy. Yet it requires endlessly long, deep thought to grasp those shifts in an unequivocal way. There is something that Son always says, at the very beginning, to any young start-up founder he meets from any country.

"Read the changing of the times,

래의 흐름을 읽고 도전하고 기다려라."

"저물어 가는 산업이 아니라 성장해 나가는 산업에 발을 들여라." "조목을 읽어라." 조목을 읽으면 보인다. "곤란할 때야말로 멀리 내다봐야 한다."

then read beyond it. Challenge yourself to something that's a half-step, a whole step, a whole three steps ahead of the times, and wait there."

"Place the axis of your business in a growing industry, not a sinking one." "Read the tides." Read the tides, and you'll begin to see. "The more unsure you are, the farther ahead you need to look."

새로운 '잭 마(마윈)'를 찾아라
Looking for the Next Jack Ma

2015년 10월, 소프트뱅크 아카데미아의 특별 강의는 인도 출생의 수재인 니케시 아로라Nikesh Arora(당시 소프트뱅크 그룹의 부사장)와 손정의가 대담하는 형식으로 진행되었다. 아카데미아는 손정의의 후계자는 물론 차세대를 짊어지고 나갈 사업가들을 육성하기 위해 만들어진 장場이다. 소프트뱅크 그룹이 회사 전략으로 매년 젊은 기업가를 찾는 것, 그리고 기업가들의 열정과 창조를 위해서 투자하고 있는 것을 보며 니케시 아로라는 놀라움을 표했다. 그는 손정의가 투자하고 있는 사람 중

The SoftBank Academia special lecture in October 2015 was held as a dialogue between Son and Nikesh Arora (Representative Director, President of SoftBank Group at the time). Academia is a project that aims to cultivate entrepreneurs of the upcoming generation, including Son's successor. Nikesh marveled at the fact that the SoftBank Group looks for young start-up founders and invests in their passion and creativity every year, and that it does so as a business strategy. Nikesh also predicted that "five to ten of these entrepreneurs will be the next Elon Musk, or Steve Jobs, Larry Page. So

에는 "5~10명 정도의 기업가는 차기 일론 머스크Elon Musk나 스티브 잡스, 래리 페이지Larry Page가 될 것이다. 소프트뱅크 그룹은 사업가들의 포트폴리오가 될 것이다"라고 예언하기도 했다.

이전 세대(고참) 기업가의 성숙함에 따라 젊은 세대(신참) 기업가가 포트폴리오 안으로 들어온다. 이로써 젊은 세대에게 자금과 리소스를 제공할 수 있게 된다. 거기에는 젊은 기업가를 가족처럼 지원하는 기업과 기업가도 있다. 멘토십mentorship과 기업가 정신entrepreneurship을 부여하고 전달할 수 있게 된다. 과거 "손정의와 잭 마처럼"이라며 니케시 아로라는 열정적으로 말했다. 이윽고 손정의에게 물었다.

"이런 사람들을 도대체 어떻게 찾아내시는 겁니까? 전 세계에는 이미 수많은 회사가 존재하고 있는데, 이들을 발굴하는 판단 기준이 있다면 무엇인가요? 제가 조사한 바로는 스타트업 레벨에 있는 회사는 150만 개나 됩니다. 하지만 놀랍게도 그 안

the SoftBank Group will become the portfolio of entrepreneurs."

As entrepreneurs from previous generations mature, the SoftBank Group brings start-up founders from younger generations into its portfolio. SoftBank makes it possible to provide money and resources to the younger generation. It also provides a "family" network of companies and other start-up founders that can support them, as well as mentorship and lessons on entrepreneurship. This is exactly what Son did with Jack Ma, said Nikesh

Passionately. He went on to ask Son, "How do you find these people? What are the criteria, when there are so many companies in the world? The last time I checked, I found there were 1.5 million companies in the start-up phase. Yet you still managed to find Jack Ma. How do you find these people for the SoftBank family?" The question was one that every start-up founder in the world would want to know the answer to. Son replied, "Yes, we have to create some kind of system

에서 잭 마를 발견하셨어요. 그런 인물은 어떻게 발견할 수 있는 거죠?" 전 세계의 수많은 기업가가 주목해야 할 질문에 손정의는 이렇게 답했다. "네, 우리는 (그를 위한) 시스템을 만들어야 합니다." 개인적인 안목에 의존하지 않고 기업가를 조직적으로 발굴할 수 있어야 한다고 말한 것이다.

"얼리 스테이지early-stage에 위치한 스타트업 보다 흥미로운exciting 회사, 보다 흥미로운 기업가를 발굴하는 시스템을 갖추어야 합니다. 그들 기업가를 제대로 심사screening할 수 있는 시스템도 필요합니다. 충분히 큰 물고기인지 아닌지를 심사하여 작은 물고기라면 놓아주어야죠. 남겨진 물고기가 성장해서 더욱 커졌을 때 우리는 그 물고기에게 투자해야 할지 말지를 결정하는 겁니다."

1999년 연말의 어느 날, 손정의가 잭 마에게 2,000만 달러를 투자하겠다는 결정을 불과 "5분 만에 즉결했다"라는 전설이 있다. 그는 "잭 마

[to do that]." Son does not want to rely on personal judgment for this task. Instead, he wants to create a system that allows the organization itself to discover promising start-up founders.

"We need to have some kind of system to identify the more exciting companies, exciting founders, among all the early-stage start-ups. We also need to have some kind of system to screen these start-up founders. We screen them to see if they're big enough fish, and let go of the small fish. When the remaining fish get bigger, we have to decide which company we should or should not invest in."

A famous story about Son relays how, in 1999, he made the decision to invest 20 million dollars in Jack Ma "lightning-quick, in five minutes." Son later commented, "I looked into his eyes, and felt we were the same kind of person." This is probably not the whole story, however. Son does not speak much about his inner thoughts. It's entirely possible that he had been

의 눈을 보고 나와 같은 동물이라는 느낌을 받았다"라며 그날을 회상하기도 했다. 하지만 그것이 다는 아닐 것이다. 손정의라면 1999년의 '그 순간'을 맞이하기 전에 이미 독자적인 시스템을 통해서 철저하게 정보 수집을 했을 것이 틀림없기 때문이다.

prepared, that he had already done thorough research and analysis, and had developed his own system for discovering such entrepreneurs before that fateful moment in 1999.

눈으로 진화를 시작하다

Sensors, Trilobites, and the Cambrian Explosion

2016년 10월, 실리콘 밸리의 중심지인 미국 산호세에서 '암 테크콘 Arm TechCon'이 개최되었다. 매년 이 콘퍼런스를 주최하는 곳은 소프트뱅크 그룹이 매수한 지 얼마 안 된 영국의 반도체 설계 업체 암이다. 암은 지적 재산이 응축되어 있는 글로벌 기업이다. 손정의는 청중에게 물었다. "지구상에서 최초로 눈을 가진 생물종이 무엇인지 아십니까?" 한 박자 쉬고 나서 손정의는 이렇게 말했다. "바로 삼엽충입니다." 생물의 기원을 살펴보면 최초로 센서와 같은 눈을 가진 삼엽충이 탄생한 후

It was October 2016, and Arm's annual TechCon conference was under way in San Jose, California, in the heart of Silicon Valley. This was soon after the SoftBank Group's acquisition of Arm, a major UK semiconductor design company —a global entity with an incredible array of intellectual assets. Son asked the crowd. "What was the first species on this earth to have eyes?" He paused for a moment, then went on. "It was the trilobite." His point? The eyes are the ultimate sensors. Look back on the origin of all living creatures, and you will notice

에 수많은 종이 태어나고 지금까지 진화할 수 있었다. 손정의는 여기에서 배울 점이 있다고 말했다.

"오늘날 우리는 IoT에 최신 테크놀로지를 접목시킬 수 있게 되었습니다. 이런 최신 테크놀로지로 IoT에 센서를 부착해서 인식, 딥 러닝, 추론을 통한 작동이 가능하게 할 수 있죠. 이 사이클은 마치 종의 진화와 많이 닮아 있습니다. 캄브리아 폭발과 IoT 폭발은 기본적으로 동일합니다."

IoT 시대의 삼엽충이 지금 탄생했다는 것이다. 최신 테크놀로지가 만들어내는 IoT 기기에는 보편적으로 센서가 탑재되어 있다. 모든 사물이 눈을 갖게 된 것이다. 센서는 삼라만상의 '인식'을 가능하게 한다. 손정의는 '인식'에 기초한 '추론'이 인류를 진화시킨다는 지론을 가지고 있다. 인간이 하늘을 나는 새를 인식함으로써 비행할 수 있는 기기의 형상을 만들었고 결국 비행을 실현했듯이 말이다.

빅 데이터와 딥 러닝은 센서를 갖

that the appearance of the trilobite, with its eye "sensors," immediately preceded the birth and evolution of all kinds of different creatures. This, Son says, is a lesson for us in modern society as well.

"Nowadays, we can install the latest technologies into our IoT. With this latest technology, you can put sensors onto IoT, get them to undergo recognition and deep learning, make deductions, and actuate them. This cycle is the same as the evolution of animal species. In that way, the Cambrian explosion and IoT explosion are essentially the same thing."

What he means is that the trilobite of the IoT era has just now come into existence. Many kinds of IoT equipment, made with the latest technologies, now come with sensors. So many things now have eyes. Sensors make it possible to "recognize" all of creation. One of Son's favorite theories is that deduction, based in recognition, is what has allowed humanity to evolve to this extent. For ins

춘 사물들이 삼라만상을 인식하고 추론할 수 있게 돕는다. 무기물인 사물이 생물처럼 진화를 시작하는 것이다. 손정의는 미래를 이렇게 내다보고 있다.

tance, how human beings were able to "recognize" birds flying in the sky, and deduce and ultimately create the shape and structure of a machine that would allow for flight.

Big data and deep learning will allow various sensor-equipped objects to recognize and make deductions about the enormous array of phenomena captured with their "eyes." And thus the inorganic begins its evolution like a living creature. This is Son's vision of the future.

– 프레젠테이션에서 테크놀로지의 미래에 대해서 말하고 있는 손정의.

싱귤래리티를 기대하다
Looking Forward to the Singularity

요즘은 컴퓨터가 체스, 장기, 일기예보 등에서 인간의 능력보다 우수함을 자랑한다. 게다가 앞으로 30년 후에는 더 똑똑해질 것이 자명하다. 이는 인류의 공통 인식으로 받아들여지고 있다.

2017년 10월 1일, 투자가이기도 한 데이비드 루벤스타인David Rubenstein의 TV 프로그램에 출연한 손정의는 그렇게 생각하는 사람들에게 경이로울 수 있는 사실과 지론을 제시했다.

"암은 99%의 점유율을 갖고 있습니다." 소프트뱅크 그룹이 2016년에

Nowadays, computers have become far smarter than humans at things like chess, go, and weather reports. And 30 years from now, they will be even smarter. This is something that we, mankind, have just begun to accept as our new reality.

October 1, 2017. Son was on investor David Rubenstein's TV show, when he proposed a theory and some facts that seemed to fly in the face of this belief.

"Arm has a 99% market share," he began. Arm, which SoftBank Group acquired in 2016, has near complete

매수한 암은 컴퓨터의 두뇌라 할 수 있는 모바일 마이크로프로세서의 설계 대부분을 보유하고 있는 회사다.

"최근 20년 동안 칩 1조 개를 출하했습니다. 칩 1조 개를 디자인했죠. 아마 이 지구상에는 이 칩 없이 살 수 있는 사람은 아무도 없을 겁니다. 칩은 어디든 필요합니다. 자동차 속, 냉장고 속 등 어디에든 다 들어가죠. 모든 사람에게 칩이 필요하다고 할 때, 한 회사가 99%의 점유율을 차지하고 있다는 사실은 매우 가치 있는 일입니다."

하지만 그 가치를 위협이라고 느끼는 사람도 있을 것이다. 특히 로봇이 너무 똑똑해진다면 인간미까지 지워버리는 것이 아니냐는 기우를 내비치는 사람도 있다고 말하며, 데이비드 루벤스타인이 손정의에게 물었다. "물론 그런 위험성도 있다"라고 인정한 후에 손정의는 긍정적인 방향으로 시점을 옮겨 나갔다. "인류의 역사를 되돌아보면 수많은 투쟁과 전쟁을 반복하고, 서로 싸우

control of the design of mobile microprocessors, which are considered to be the "brain" of the computer.

"In 20 years, they are going to ship 1 trillion chips, design 1 trillion chips. Nobody on this planet can live without these chips. They're anywhere—in the car, in the refrigerator, everywhere. If these chips are something that everybody needs, and there's one company that has a 99% market share, that's a valuable thing."

There are those, however, who feel threatened by this value—more specifically, the idea that robots will become so smart that they will wipe out mankind entirely. David Rubenstein asked Son about this fear. "There is that risk," Son admitted, before moving the discussion to a more optimistic note. "But if you look at the history of mankind, people were killing each other with countless battles. But today, we don't have that kind of thing in our everyday lives. We are more civilized. So when we get to

고 이기며 여기까지 달려왔습니다. 하지만 오늘날 문명사회의 일상에서는 그런 전쟁이 쉽게 일어나지 않지요. 로봇의 지성이 인류의 지성보다 훨씬 더 먼 곳, 저 어딘가의 초지성超知性에 도달한다면 폭력도 좋지 않다는 것이 명확하게 이해됩니다. 조화는 보다 좋은 것이고 보다 사회적인 것이라는 사실이 자명해지죠.” 손정의는 마음속 깊이 이렇게 믿고 있다고 말했다.

"로봇은 우리 인간을 생각하고 배려하고 도와줄 것입니다. 그들은 우리를 기쁘게 하고 우리는 서로 사랑하게 될 것입니다.” 그리하여 ‘이 세상에서 무엇이 당신에게 가장 큰 기쁨을 줍니까?’라는 물음에 손정의는 이렇게 답했다. “머지않아 다가올 싱귤래리티(인공지능이 인간의 지능을 뛰어넘는 시점)에 대해서 명확한 비전을 가지고 있습니다.”

인류에게 한층 더 나은 세상을 어떻게 창조할 것인가? 이런 생각을 할 수 있는 것이 매우 즐겁다는 말이었다. 미래에 사람들의 삶을 어떻

a point where robotic superintelligence far exceeds mankind's intelligence. We'll understand that fighting is not a good thing—that harmony is better in general and for society." Son believes this from the bottom of his heart.

"Robots think about us, they help us. They'll make us happier, so we have more room to love one another." Asked "What gives you the greatest pleasure in the world?" Son's responded, "I have a clear vision for the singularity that is quickly approaching."

He derives great pleasure, he says, from thinking about how he and his portfolio companies can help mankind build a better world. How singularity may allow people to live better in the future by eliminating accidents and illnesses, and protecting people from sadness. How he can work with others towards this dream. Son believes that solving these issues would benefit mankind, which is why he is so excited for the singularity to arrive.

게 하면 보다 나은 것, 보다 좋은 것으로 바꿀 수 있을까? 사고나 질병을 없애고 슬픔을 조금이라도 줄이는 일. 그를 위해서 동료(친구)를 만드는 일. 이런 과제를 해결하는 것이 좋은 일이라고 믿고 있다. 그래서 싱귤래리티가 다가오는 것이 몹시 기대되어 참을 수 없다는 것이다.

손정의의 말은 꾸밈이 없고 맑다. 그래서 강한 힘을 가지고 있다. "아직도 도전해야 할 일들이 많습니다. 유니크한 도전은 많은 기회를 가져다줍니다. 시련을 뒤로 뒤집으면 우위로 올라설 수 있게 됩니다. 이것이 저의 인생입니다. 틀림없이 매우 흥미로운 인생이고 저는 이 삶을 즐기고 있습니다."

Son's words are clear and forceful. "There's still lots of efforts to be made. But unique efforts like this create a lot of opportunity. Difficulties, in that sense, can be an advantage. This is definitely an exciting life, and I'm having fun."

제7장
AI와 함께 살아갈
여러분에게

To All Those Who Live with AI

젊은 제다이 기사처럼
Like Young Jedi Knights

2019년 3월, CNBC 인터뷰에 응한 손정의에게 데이비드 페이버David Faber는 직설적으로 물었다. "당신은 스스로 테크놀로지가 향하는 미래에 큰 영향력을 미칠 힘이 있다고 생각하지 않습니까?" 손정의는 테크놀로지가 향하는 미래의 일부가 된다면 매우 기쁠 것이라고 겸손하게 답한 후에 명확한 결론을 내놓았다. "지금 세상에서 일어나고 있는 일들은 제가 없어도 일어날 겁니다." '그렇지만'이라고 이어지는 뒷말에 힘이 실렸다. "그렇지만 저는 꿈과 열정이 있는 기업가들을 응원

March 2019. Son was being interviewed by David Faber, who asked him, "Don't you think you have the ability to influence significantly where technology is going?" I'm excited to be a part of it," Son said, rebutting the claim. "Things are happening without me." "But still," he continued passionately, "I would like to support start-up founders who have dreams and passions. Technology is evolving very quickly. So if I can be a good facilitator or supporter, I will be very excited to do so."

하고 싶습니다. 테크놀로지는 맹렬한 속도로 진화하고 있어요. 제가 좋은 조력자facilitator 혹은 좋은 서포터가 될 수 있다면 매우 즐겁겠죠."

손정의의 말에 따르면 지난 30년 동안 산업계에는 세 가지의 커다란 변화가 나타났다. 첫 번째는 중앙처리장치CPU에 들어가는 트랜지스터의 수가 증가했다. 두 번째는 메모리 용량이 증가했다. 그리고 세 번째는 통신 속도가 빨라졌다. 이들 세 가지 중 첫 번째와 두 번째는 100만 배, 마지막 세 번째인 통신 속도는 300만 배가 되었다. 이는 테크놀로지와 라이프 스타일, 사회 전반에 거대한 영향impact을 미치게 됐다.

이것이 더욱 진화하면 100만 배의 파워를 지닌 CPU가 100만 배의 용량을 가진 메모리에 탑재되어 300만 배의 속도로 통신할 수 있게 될 것이다. 그렇게 된다면 상상을 초월하는 말도 안 되는 변화들이 일어날 것이라고 예상했다.

컴퓨터 파워는 AI(인공지능)를 현실화한다. 방대한 데이터를 눈 깜짝할

According to Son, there have been three significant changes in the industrial sector in the past 30 years. The first is the increase in the number of transistors in CPUs (central processing units). The second is increased memory capacity. And the third is increased communication speeds. The first two are a million times what they used to be, and the third three million times more. This has enor mous impacts on technology and our lifestyles.

If these elements continue to evolve, a CPU with a million times more power will be equipped with a memory capacity a million times of what it was before, and will be able to com municates at three million times the speed. This is expected to bring extraordinary change.

The power of computers has made AI (artificial intelligence) a reality. And the power of AIs to process vast amounts of data and make predictions has made it possible for us to realize a future where robots are equipped with intelligence. As Son went on,

사이에 소화하는 AI 프리딕션(추론) 파워는 스마트 인텔리전스를 탑재한 로봇도 현실화할 것이다. 미래의 꿈에 대해서 이야기하는 손정의에게 데이비드 페이버는 저널리스트다운 코멘트를 하며 끼어들었다. "당신의 투자처를 보면 잘 알 수 있습니다." AI에 투자하는 손정의가 AI의 꿈을 논하는 것이 경제적으로 타당하고 당연하다는 뜻이었을까? 데이비드 페이버는 매섭게 추궁해 나갔다. "AI가 인류 역사에서 가장 큰 혁명이라는 뜻이군요."

물론 손정의는 고개를 끄덕였다. "그렇습니다."

── 우리가 본 그 어떤 것보다 큰가요?

"네, 훨씬 훨씬 더 큽니다."

── 소프트뱅크는 인류 진화에 가장 크게 기여하는 회사가 되고 싶다는 것이고요.

"그렇습니다."

── 정말로 실현할 수 있을 거라고 믿나요?

"실현시키고 싶습니다."

── 어떻게 해서든지요?

discussing his dream for the future, Faber—always the journalist—remarked, "That's been a focus of yours, I know, in terms of where you're investing." By that he meant that it made financial sense for Son, who was investing in AI, to talk about his dreams for AI. Faber went on, "I think you've said AI will be the biggest revolution in human history."

"Yes."

——Bigger than anything we've seen? "Much, much bigger."

——You've said that you want SoftBank (Group) to be the company that makes the most contribution to human evolution.

"Yes."

——Do you believe you can actually fulfill that?

"I would like to make it happen."

——How?

"By empowering the new forces that come in. These new, young start-up founders, in my view, they are Jedi [from the Star Wars series]."

Son believes that young people who

"네, 새롭게 싹틀 힘에 파워를 더 실어서요. 젊은 기업가들은 제 입장에서 보면 영화 《스타워즈》의 제다이와 같습니다."

대학을 졸업하자마자 곧바로 스타트업 세계로 뛰어들려는 젊은이들을 보며 손정의는 '젊은 제다이 기사 같다'고 말했다. "젊은 기사들은 하늘을 어떻게 날면 좋을지 배우려고 합니다. 개중에 몇 명은 이미 날고 있어요. 우리의 제다이 기사가 새로운 라이프 스타일을 창조하고 인류가 직면하고 있는 수많은 현실 과제를 해결해 줄 것입니다."

이런 현대의 제다이 기사들이 난치병을 극복하고 불의의 사고를 없애며 세상에 만연한 비효율성과 고통, 슬픔을 줄여줄 것이라고 손정의는 상상하고 있다. 그의 뇌리에는 도중에 넘어지고 고통받는 젊은 제다이 기사들의 모습도 생생하게 그려져 있을 것이다. 회사를 일으키고 일을 이룬다는 것이 말처럼 쉬운 일은 아니다. 하지만 손정의는 앞으로 그들이 상처받으면서도 극복하고 일

jump straight into the world of start-ups after university are "like young Jedi knights." "These young Jedi are learning how to fly. And some of them are already flying, in fact. It's fun to watch our young Jedi creating new lifestyles and solving many of the issues that mankind still faces."

In Son's vision, these young Jedi knights will come up with cures for incurable diseases, reduce the occurrence of accidents, and in general help eliminate the inefficiency, suffering, and sadness in the world today. Son is well aware, however, that many of these young Jedi knights will struggle, and sometimes fail during their journeys. It is not an easy thing to start a company and accomplish something. Son, however, must also see beyond that, to a future where they—even wounded or suffering—stand up again and return to the battle even stronger than before.

어서서 더욱 강해진 뒤, 다시 전선戰
線으로 복귀할 미래도 함께 그리고
있을 것이다.

AI가 세상을 바꿀 것이다
AI Will Redefine All Industries

2019년 2월 6일에 있었던, 소프트뱅크 그룹의 2018년도 회계연도 제3사분기 결산 설명회에서 손정의는 AI 혁명에 대해 이야기하기 시작했다. 청중에게 일단 직설적으로 현실을 보여줬다.

"세계 톱10 기업 중 인터넷 기업은 10년 전만 하더라도 단 한 곳밖에 없었습니다. 불과 10년 전만 하더라도 한 곳이었는데, 10년 만에 7곳으로 늘었습니다." 전 세계의 시가 총액 랭킹을 보면 2009년 톱10에 들었던 인터넷 기업은 마이크로소프트 한 곳뿐이었다. 그런데 2019년에는

It was February 6, 2019, and Son was speaking at the SoftBank Group Earnings Results Briefing for the third quarter of the FY2018. He was discussing the AI revolution. First, he told the audience about the current reality.

"10 years ago, only one of the top ten companies in the world was an Internet company—just one. And now, in just 10 years, Internet companies make up seven of the top ten." Looking at the world market cap rankings, and Microsoft was the only tech company in the top ten in 2009. Fast forward to 2019, and Apple leads the same

애플Apple을 필두로 텐센트TENCENT HOLDINGS LIMITED 등 미국과 중국계 기업 7개 사가 상위를 차지하는 기록을 세웠다. 즉 인터넷에 의한 패러다임 시프트가 일어나고 있는 것이다. 이것이 정보 혁명에서 '현재에 이르기까지'의 결과다. 하지만 손정의는 '향후' 정보 혁명에서 그 주역은 AI가 될 것이라고 판단했다. 그는 '세계 톱10 중 절반 이상이 몇 년 안에 AI 관련 회사로 바뀔 것'이라 말했다.

"세계 톱10 기업 중 7개의 인터넷 사는 도대체 어떤 산업을 재정의했을까요?"라고 손정의가 물었다. "간단하게 말하자면 두 가지뿐입니다. 바로 광고 산업과 소매 산업인데요. 이들을 재정의한 것이 바로 인터넷입니다." 페이스북과 구글은 광고 산업의 비즈니스 모델을 바꾸어 종래 매체에서 고객을 빼앗아 갔다. 아마존과 알리바바는 소매 산업의 비즈니스 모델을 e커머스로 바꾸어 종래의 소매업에서 고객을 확보했다. 뒤이어 AI가 가져다줄 패러

rankings, alongside seven other U.S. and Chinese Internet companies. In other words, the Internet had brought on a paradigm shift. This is what the Information Revolution has done thus far. on predicts, however, that the future of the Information Revolution will see AI taking center stage. "In several years, more than half the top ten companies in the world are going to be AI companies," he said. Why?

"These Internet companies that make up seven of the world's top ten companies —what industries, specifically, did they redefine?" Son asked. "In simple terms, just two. The advertisement industry and the retail industry. The Internet redefined these two industries." Facebook and Google redefined the business model for the advertisement industr y, stealing customers from traditional forms of media. Amazon and Alibaba redefined the retail industry with E-commerce, stealing customers from traditional forms of retail. The paradigm shift that will happen as a

임 시프트가 영향을 미치는 영역들은 인터넷보다 훨씬 더 광범위할 것이다. 자동차 산업은 물론 교통, 교육, 의료, 부동산, 금융 등 모든 산업을 재정의할 것이라고 손정의는 말했다.

"AI는 향후 모든 산업을 재정의해 나갈 것입니다." 그리고 손정의는 자기 지론의 핵심을 다시 한 번 언급했다. 지난 30년 동안 CPU에 들어가는 트랜지스터의 수는 100만 배, 메모리 용량은 100만 배, 통신 속도는 300만 배가 되었다. 앞으로 진화는 30년이라는 시간 동안 더 진행될 것이라는 전망이었다.

"인간은 인류 역사상 최초로 인간의 뇌보다 강력한 움직임의 AI를 창조해 낼 것입니다. 그들은 스스로 학습해 나갈 거예요. 인간이 선생님이 되어서 그들을 가르치는 것이 아니라 IoT에서, 모바일에서, 자동차에서, 건물에서, 즉 모든 것들로부터 AI가 스스로 데이터를 생산하고, 그것을 추론 자료로 활용하여 데이터를 자원으로 결론을 내릴 것입니다.

result of AI, however, will have much broader effects than that brought on by the Internet to date. AI will redefine power relationships across the automobile industry, of course, but also all kinds of other industries, from transportation to education, medicine, real estate, finance, and more.

Son predicts that "AI will redefine all sorts of industries." Son repeated the core point of his theory. In the past 30 years, the number of transistors in CPU s, memory capacity, and communication speeds have increased. The first two are a million times what they used to be, and the third three million times more. In the next 30 years, he declared, there will be further increase in these numbers.

"For the first time in the history of humanity, human beings have succeeded in creating AI that works better than our own brain cells. These forms of AI are self-learning. Instead of human beings teaching them what they need to know, they sense data on their own from a wide array of inputs,

모든 산업을 바꿔나가는 것이죠. 이것이 제가 믿고 있는 비전입니다."

손정의는 인류 진화의 밝은 미래를 믿고 있다. 그는 간결한 비유로 본질을 꿰뚫었다. "인류는 하늘 높이 나는 새를 보면서 저렇게 자유롭게 하늘을 날면 얼마나 좋을까 상상했고, 이를 바탕으로 레오나르도 다빈치가 비행기의 원형을 만들어냈습니다. 또한 인류는 하늘의 별을 보면서 하늘이 움직이는 것이 아니라 우리가 서 있는 대지가 움직이는 것일지도 모른다고 상상했고, 코페르니쿠스가 지동설을 제창하여 세상을 바라보던 시각을 뿌리부터 바꾸어 놓았습니다. 아인슈타인은 빛을 보며 특수 상대성 이론인 $E=mc^2$을 제창했습니다. 즉 인류는 눈에 보이는 것, 손으로 만질 수 있는 것을 통해 추론하여 수많은 진화를 탄생시켜 왔습니다."

손정의는 '추론이 인류 진화의 큰 원천'이라고 생각했다. 따라서 '눈에 보이고 손으로 만질 수 있는 데이터'

including IoT, mobile devices, cars, and buildings, etc., and use this data to make their deductions, drawing conclusions from the data itself. They will redefine so many industries. This is my vision of the future."

Son is optimistic about the evolution of humankind, and he uses simple, fitting analogies to describe it. "Humankind saw birds flying high in the sky, and thought, how great would it be to be able to fly through the sky, and so Leonardo da Vinci created a prototype for the plane. "Copernicus looked up at the stars in the sky and thought, maybe it's not the sky that's moving, maybe it's the earth we're standing on that's moving, and so he proposed the heliocentric system, and changed the way people thought of things from the bottom up. "Einstein saw light and proposed E=mc2, the theory of relativity. "In other words, humankind has evolved through deductions from what we can see and feel."

를 재료로 추론의 연산 처리 능력을 더욱 향상시켜 나갈 AI 혁명은 인류를 지금보다 더 크게 진화시킬 것이라고 확신하고 있다. "AI는 모든 산업을 재정의합니다. AI 혁명은 이제 막 시작되었습니다."

Son thinks that "deduction is the greatest source of humankind's evolution." In the AI revolution, AI will process this same kind of data— data that we can see and touch— and make deductions, with greater and greater computing power. This is the reason that the AI revolution will bring such significant advancements for humankind. Son is confident in his assessment. "AI will redefine all industries. And this AI revolution has only just begun."

오차, 시차
Deviations, Delayed Reactions

2019년 2월 6일의 결산 설명회에서 손정의는 단언했다. "지금부터 수십 년 안에 뉴욕 5번가의 모습은 AI가 자동 운전하는 차로 가득 채워질 것입니다." 마치 예전에 뉴욕 5번가를 오가던 마차가 수십 년 사이에 자동차로 바뀐 것처럼 말이다. '수십 년'이라는 시간에 대해서는 '어쩌면 5년 정도 더 걸릴지도 모른다'라고 덧붙이기도 했다. "하지만 제 입장에서 보면 5년, 10년은 오차라고 할 수 있습니다. 그보다 방향성이 더 중요합니다." 마차와 자동차. 인간이 운전하는 자동차와 AI가

On February 6, 2019, at SoftBank Group's Earnings Results Briefing, Son proclaimed, "I think in a few dozen years, 5th Avenue in New York will be filled with AI-controlled, self-driving cars." Just as, he said, how horse-drawn carriages going to and fro on 5th Avenue in the past had transformed into automobiles over the course of a few dozen years. As for the "few dozen years," he clarified, "This could move five years forwards or backwards, give or take." "But I personally would say that five, ten years is just a deviation. It's the general direction that's important." From horse-drawn c arr

운전하는 자동 운전차. 이런 패러다임 시프트는 눈깜짝 할 사이에 이루어질 것이다. 그 이유는 무엇일까? AI가 운전하는 자동차는 사고를 일으키지 않을 것이다. 그리고 컴퓨팅에서 가장 중요한 세 가지 요소, 즉 CPU에 들어가는 트랜지스터 수와 메모리 용량, 통신 속도는 지금 이 순간에도 시시각각 진화를 거듭하고 있다.

비전이 있으니 이론적으로도 설명할 수 있다. "나머지는 모두 오차라는 것입니다." 손정의는 오차라는 단어를 좋아했다. 이날 손정의는 수식 '25-4=9?'를 스크린에 띄웠다. "순수 지주 회사인 소프트뱅크 그룹의 '주주 가치'는 보유 주식 가치인 25조 엔(약 242조 9650억 원)에서 소프트뱅크 단위의 순수 이자 부채인 4조 엔(약 38조 8744억 원)을 뺀 21조 엔(약 204조 906억 원)입니다. 지주 회사인 현재의 '소프트뱅크 그룹 주식회사'의 시가 총액 약 9조 엔(87조 4674억 원)과는 큰 괴리가 존재합니다."

iages to automobiles. And another overarching paradigm shift, from cars driven by human beings to cars driven by AI. Why? Because AI-driven cars cause fewer accidents than human-driven ones. And the three elements required in computing—namely the number of transistors in CPUs, memory capacity, and communication speed—are still very much evolving, even now.

He has a vision, and a logical explanation for this vision. "Anything else is just a deviation." He likes that word—deviation. On this day, Son showed a formula on-screen. It said, "25 - 4 = 9?" "The shareholder value of SoftBank Group, as a pure holding company, is the equity value of our holdings, 25 trillion yen, minus SoftBank Group's net debt, 4 trillion, so 21 trillion yen. There's a huge discrepancy between this number and the current market cap of its holding company, SoftBank Group Corp., which is approximately 9 trillion yen."

"이 '괴리'를 어떻게 하면 개선할 수 있는가?"라는 기자의 질문에 손정의는 즉시 답했다. "시차입니다. 그것뿐입니다. 시간이 답을 줄 것입니다." 소프트뱅크 그룹은 빚만 떠안고 있으면서 위험한 일을 벌인다, 그러므로 기업 가치 평가를 낮춰야 한다 discount는 이야기를 줄곧 들어왔다. 하지만 손정의는 "그런 문제는 시간이 지나면 모두 사라질 것이고 잡음도 모두 사라질 것"이라고 말했다.

손정의는 '오마하의 현인'이라 불리는 워런 버핏Warren Buffett이 투자했던 회사의 기업 가치 '섬 오브 더 파츠sum-of-the-parts'에 대해서 지금은 디스카운트가 아니라 프리미엄이 붙어있다고 설명했다. "빠른 속도로 진행되고 있는 일에는 반드시 시차가 따라붙습니다. 저는 항상 전진하고 있습니다." 그리고 기회를 놓치지 않고 즉시 농담을 덧붙였다. "'머리카락이 후퇴하고 있는 것이 아니라 제가 전진하고 있다'라고 했더니 모두 크게 웃었지만요."

그는 옅은 미소를 머금으며 명확

When asked by a reporter how this "discrepancy" could be improved, he answered instantly. "It's just delayed reaction. That's it. Time will be the judge." Some have said that the SoftBank Group's corporate value should be cut, since the group takes so many risks and carries a lot of debt. "But all of this will go away with time, and there will be no more noise."

Son mentioned the companies that Warren Buffett—also known as the Oracle of Omaha—had invested in, and how the valuations measured by "sum-of-the-parts" of these companies now came with a premium instead of a discount. "There's always a delayed reaction to things that move quickly. I am always moving forward," he said, then added jokingly, without missing a beat, "Although everyone laughed at me for saying, 'My hair isn't receding, I'm just advancing.'"

He smiled slightly, then said clearly, "I think people's evaluation of the group will catch up in time." Deviations, delayed reactions. That's all.

하게 말했다. "사람들의 평가는 언젠가 따라올 거라고 생각합니다."
오차, 시차. 그뿐이다.

허풍쟁이 정신
"Big Talk" Mentality

"현재 일본에 부족한 것이 있다면, 바로 허풍쟁이 정신입니다." 일본에서는 '허풍'이라는 단어를 부정적인 의미로 받아들이지만 손정의는 다르게 생각했다. "허풍을 영어로 번역하면 'big vision'이라고 할 수 있습니다." '허풍'을 영어로 직역하면 'big talk'로 사실 좋은 뉘앙스로 사용되지는 않는다. 하지만 'big vision'이라고 하면 사람들은 좋은 의미로 받아들인다.

2019년 5월 9일, 결산 설명회에서 손정의는 '소프트뱅크 비전펀드2'의

"What's missing in Japan right now is that obora mentality." The term "obora" in Japanese has a negative connotation, and in English would be the equivalent to "braggart," or "big talk." Son's translation, however, is different. "In English, it would be 'big vision.'"

It was May 9, 2019, at the SoftBank Group's Earnings Results Briefing for FY 2018, and Son had announced that they would begin preparations for establishing SoftBank Vision Fund 2. The Vision Fund makes concentrated

설립 준비에 들어간다고 발표했다. 비전펀드는 AI(인공지능)를 활용하는 선두 기업에 초점을 맞추고 투자한다. 투자처는 라이드 쉐어ride-share로 미국, 중국과 쌍벽을 이루는 우버와 디디싱추, 인도계 호텔 체인인 OYO 등 세계 유수의 최정예 기업이다. 수많은 유니콘 기업(평가액 10억 달러 이상의 스타트업)의 이름이 거론됐다. 손정의는 '자칭 유니콘 헌터'다.

손정의는 AI의 미래에 기대를 거는 이 펀드를 현재 소프트뱅크 그룹에서 '가장 큰 성장 엔진'으로 삼고 2040년에는 소프트뱅크 그룹의 시가 총액을 200조 엔(약 1943조 7200억 원)으로 끌어올리고 싶다고 말하며, 6월 19일의 주주 총회에서 원대한 구상을 밝혔다. 이런 구상을 들은 사람들은 손정의를 '허풍쟁이big talk'라고 야유하기도 한다. '비전펀드는 버블이다', '실현이 불투명한 미실현 이익에 경영을 지나치게 의존한다', '유이자부채가 많다' 등 다양한 비판의 목소리를 손정의는 잡음이라고 일축했다. "저는 어렸을

investments in leading companies that utilize AI. The companies to receive these investments are the world's elite, including ride-share companies Uber and DiDi, which have found success in the U.S. and China respectively, India-born hotel chain OYO, and more. Many of them are unicorn companies (start-ups with a valuation of 1 billion dollars or more). Son is a "self-proclaimed unicorn hunter."

Currently, this fund—which has devoted itself to the future of AI— is considered "the number one greatest source of growth" for the SoftBank Group, with Son declaring his grand ambition to get the Group's total market cap up to 200 trillion yen by 2040, at the general stockholder meeting on June 29. There are some who mock this kind of ambition, who will call it "big talk (obora)." "The Vision Fund is a bubble." "He's devoting too much to unrealized profit that may never be realized." "That's too much interest-bearing debt." Son brushesd off these kinds of criticisms as

때 낚시를 무척 좋아했습니다. 그물망을 설치해 두고 일망타진했죠." AI 혁명보다 먼저 다가온 인터넷 혁명에서 그는 몇 번 없는 투자의 적기를 놓치고 말았다. 당시 자금이 부족했기 때문이라고 회상하며 이어 말했다. "이번에는 그 어떤 핑계 없이 모두 가질 것입니다."

손정의는 이런 시산試算을 보여주며 허풍을 떤다. "가령 소프트뱅크 그룹의 출자가 6조 엔[1](약 58조 3116억 원)이라고 하고 연률 35%의 성장을 10년 동안 거듭하면 20배, 그 다음 10년을 보수적인 관점에서 연률 26%라고 보면 10년에 10배. 20년이면 200배입니다. 소극적인 관점에서 19%의 성장을 20년 지속한다고 생각하면 22배로, 6조 엔이 200조 엔이 됩니다."

그의 꿈은 '두부를 세듯이' 이익이 200조로 불어나는 것이다. 정기 주주 총회에서 그는 15년 전에 찍었던 주주 총회 영상을 틀었다. 아직 40대 후반이었던 손정의는 '60대에 이익을 1조, 2조로 셀 수 있는 규

background noise. "When I was a kid, I liked to fish. I'd set up a net and catch a whole bunch." In the Internet revolution that came before this AI revolution, he had missed countless opportunities for investment. Looking back, he says it was because he didn't have enough funds. "This time," he says, "I'll get them all—no excuses."

And so Son goes on with his "big talk," and his big numbers. "Let's say S of tBank Group's investment is 6 trillion yen[1]. If the fund has an annual growth of 35%, in ten years it will be 20 times the original amount. With a more conservative estimate —an annual growth of 26%—for the ten years after that, it'll be 10 times the amount after ten years, and 200 times the amount after 20 years. Even with all-around more conservative estimates, an annual growth of 19% after 20 years would bring us to 33 times the original amount, with 6 trillion yen becoming 200 trillion yen."

"We want to start counting in trill

모로 만들고 싶다'라고 말했다. 그리고 곧바로 "저는 허풍쟁이니까요"라고 말하며 웃음을 자아냈다. 4년 연속으로 수백억 엔 규모의 적자를 냈을 때의 일이다. 허풍일지라도 자신에게는 정직했다. 그리고 61세를 맞이하던 2018년도 결산에서 그는 1조 엔이 넘는 순이익을 냈다. 그는 "자신의 허풍은 실현 가능한 'big vision'이다"라고 말했다.

ions," he had said once, as to his dream. Who knew it would be 200 trillion? At the 2019 annual shareholders meeting, SoftBank played a video from a shareholders general meeting 15 years earlier. In that video, Son, still in his mid-40s, said, "We want to be able to make one, two trillion yen in profits by the time I'm in my 60s." Then, without missing a beat, he quipped, "Whoops, is that 'big talk'?" inviting laughter from the audience. He was speaking at a time when the company had been over 10 billion yen in the red for four years in a row. It might have been "big talk," but even then, he was honest about what he wanted. And at this FY 2018, Son is 61 years old, and SoftBank Group has made over 1 trillion yen in net profit. What Son is really saying is that his "big talk" is actually a "big vision," one that he is capable of realizing.

1　2019년 9월 말 현재, 소프트뱅크 그룹의 비전펀드에 대한 커미트먼트commitment는 합계 331억 달러(약 45저 7773억 원)다.

1　As of the end of September 2019, the SoftBank Group's commitment to the Vision Fund was a total of 33.1 billion dollars (approximately 3.5 trillion yen).

7장 AI와 함께 살아갈 여러분에게　　247

- '허풍쟁이', 'big vision'이라는 글자를 크게 띄운 프레젠테이션.
  지론을 펼치고 크게 웃는 손정의.

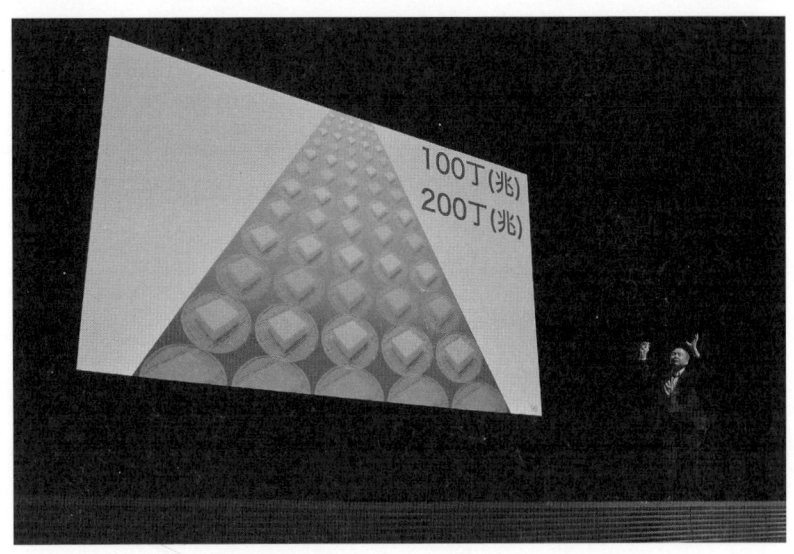

- 두부를 세듯 '조' 단위로 이익을 세고 싶다고 말하는 모습.

반성하지만 위축되지는 않는다
I Might Have Regrets, But I Won't Shrink Away

2019년 11월 6일, 소프트뱅크 그룹의 2019년 회계연도 중간 결산 설명회는 '위워크 쇼크WeWork Shock'로 뜨거웠다. 사분기 기준base으로 과거 최대 규모인 약 7,000억 엔(약 6조 8030억 2000만 원)의 최종 적자. 그의 가장 큰 원인 중 하나로 공유 오피스 '위워크WeWork' 서비스를 제공하는 위 컴퍼니We Company가 꼽혔다. 소프트뱅크 비전펀드 및 소프트뱅크 그룹이 자회사로 투자한 위 컴퍼니의 공정 가치 감소가 크게 작용한 적자였다.

November 6, 2019. At SoftBank Group's FY2019 Mid-Term Earning Results Briefing, people were reeling from "WeWork shock." SoftBank Group repor ted approximately 700 billion yen in net losses—the most ever for the company on a quarterly basis. One of the biggest contributors to this result was The We Company, which o'ers the coworking service WeWork. The loss stemmed largely from the decline in the fair value of The We Company, which both the SoftBank Vision Fund and the SoftBank Group had invested in, the latter through its subsidiary.

기자들은 이 문제에 대해서 집중적으로 질문했다. '20년 후에는 시가총액 200조 엔'이라는 원대한 구상을 내놓았던 5개월 전의 모습과 달리 손정의는 여러 번 "반성하고 있다"고 말했다. 주주나 금융 기관, 투자가를 비롯해 수많은 관계자에게 심려를 끼쳤다며 사죄했다. 그러면서 반성을 통해서 배우고 경영을 진화시켜 나가겠다고 거듭 약속했다.

손정의는 무엇을 반성하고 무엇을 배웠을까? 그의 첫 번째 반성은 위워크의 가치를 너무 높게 평가했다는 것이었다. 그래서 10월에 발표했던 재무 패키지의 일환으로 이미 계약이 끝난 보증 warrant을 조기 실행함으로써 사실상 평균 취득 가격을 약 4분의 1로 내렸다고 보고했다. 두 번째 반성은 투자처의 거버넌스 governance에 대해서 엄격하지 못했던 점이었다. 예를 들어 위워크에서는 상장 시 창업자에게 주어지는 의결권이 통상의 20배에 해당하는 종류주를 할당한다는 사안을 이사회가 인정했다. 지금까지 이사진 9명

Reporters' questions focused mainly on this issue. In a dramatic shift from Son's stance five months ago, when he reiterated his vast ambition to "raise market cap to 200 trillion yen in 20 years," the Mid-Term brie'ng found him saying, again and again, "I regret my decisions." He apologized for the concern he had caused for shareholders, financial institutions, and investors, as well as their many affiliates. He promised to learn from his mistakes, and work towards better management.

What "regrets" did Son have, and what had he learned? His first regret was that SoftBank had overestimated WeWork's value. In October, SoftBank Group announced a financial package for WeWork that included an acceleration of existing warrants for an average acquisition cost that was about a quarter of prior investment costs. Son's second regret was being too lax in the governance of the companies the SoftBank Group had invested in. For instance, at the

중 소프트뱅크 그룹은 한자리밖에 갖지 못했고 이로 인하여 창업자가 통제하고 있던 이사회의 결정을 함부로 막을 수 없었던 것이다.

앞으로는 위워크의 이사진 10명 중 5명의 자리를 확보함으로써 전보다 더 깊이 있게 관여해 나가고, 다른 투자처에 대해서도 가이드라인을 작성하여 거버넌스를 자세하게 조사하겠다고 밝혔다. 이날 손정의는 반성하고 있는 부분과 그에 대한 개선 방법을 냉정하고 침착하게 설명해 나갔다. 다만 위워크의 창업자인 아담 뉴먼Adam Neumann에 대한 질문을 받았을 때는 살짝 복잡한 표정을 내비치기도 했다.

"그에게는 다양한 장단점이 있습니다. 저는 그가 가지고 있는 장점에 대해서만 생각하며 그 가치를 과대평가하고 있었는지도 모릅니다. 아담 뉴먼은 의욕적이고 공격적인 자세와 아티스틱한 부분에서 훌륭한 점이 많은 사람입니다. 그래서 그런 좋은 면에만 이목을 집중한 나머지 마이너스적인 부분에는 눈을 감고

time WeWork sought to go pubic, its board of directors had approved the provision of "super-voting" stocks (with 20 times the voting rights of regular stocks) to WeWork's founder. The SoftBank Group had had one member on the nine-member board of directors, and was unable to prevent board decisions at a company controlled by the founder.

Going forward, the SoftBank Group would strengthen its relationship with WeWork by having five members in the ten-member board of directors, The company also planned to create guidelines for other portfolio comp anies and future investments, and scrutinize their governance On this day, Son calmly explained SoftBank Group's mistakes, and the measures the company would take to rectify them. His expression clouded over, however, when he was asked about WeWork founder Adam Neumann.

"I think he is someone who has good parts and bad parts. I think I probably overvalued his good parts.

말았습니다. 이를 크게 반성하고 있습니다."

손정의는 본질적으로 성선설을 믿는 사람이다. 그래서 이런 아픈 경험이 이번이 처음은 아니다. 이런 일을 겪을 때마다 그는 반성하고 어김없이 앞으로 나아갔다. 몇몇 베테랑 저널리스트들은 '역시 손정의도 늙어서 시력이 떨어진 것이 아니냐'는 시선으로 그를 바라보기도 했다. 그래서일까? 손정의는 '비전펀드의 투자 판단의 척도'에 대해서 '다시 한번 확인하겠다'라고 강조하기도 했다.

중요 지표로 거론한 것이 프리 캐시 플로우free cash flow다. GAFA(구글, 애플, 페이스북, 아마존)을 비롯한 인터넷 기업은 창업기에 적자와 상장이 공존한다. 그러나 사업이 어느 정도 궤도에 오르는 것은 몇 년 후로, 그 시점에서 얼마만큼의 캐시 플로우를 낼 수 있는지를 가정하면 투자처의 적절한 현재 가치를 도출할 수 있게 된다. '창업자에 대한 로맨틱한 생각으로 투자해서는 안 된다'라고 말하고 싶었을 것이다.

He's very brilliant in terms of how motivated, how aggressive, how artistic he is. I may have been so taken by those aspects that I was blind to the negatives. I very much regret my evaluation of him in that sense."

At heart, Son believes that human nature is fundamentally good. This isn't the first time he has been burned because of it. But when it happens, he learns from his mistakes and looks to the future. Some veteran journalists commented that Son may have lost some of his powers of insight with age. Perhaps in response, Son emphasized the fact that the SoftBank Group would reevaluate the methods used to make decisions on Vision Fund investments.

The key factor would be free cash flow. Tech companies, including GAFA (Google, Apple, Facebook, Amazon) are always operating in the red in the early stages after establishment. It takes several years for such businesses to gain momentum. But if you are able to estimate how much cash flow

손정의는 '반성했다'라고 여러 번 반복해서 말했지만, 비전펀드에 대한 의욕은 조금도 식지 않았다. 그는 두 가지 사실에 대해 가슴을 펴고 자신 있게 제시했다. 하나는 소프트뱅크 그룹의 '주주 가치'는 3개월 전의 4분기 결산과 비교해서 1조 4,000억 엔(약 13조 6060억 4000만 원)이나 증가했다. 보유 주식의 총액은 총 2조 1,000억 엔(약 20조 4090억 6000만 원) 증가했다. 거기에서 순부채를 뺀 주주 가치가 손정의가 중요하게 생각하는 경영 지표인데, 이는 22조 4,000억 엔(약 217조 6966억 4000만 원)에 달했다.

다른 하나는 비전펀드의 누적 투자 성과가 플러스라는 것이다. 2019년 9월 말 시점에서 평가익이 1조 3,000억 엔(약 12조 6341억 8000만 원), 실현액이 5,000억 엔(약 4조 8593억 원)으로 총 1조 8,000억 엔(17조 4934억 8000만 원)의 가치가 증가한 데 반해서 평가 감소는 6,000억 엔(약 5조 8311억 6000만 원)이었다.

현재 비전펀드는 금액 베이스로

a company would generate several years down the road once it has taken off, you could calculate its appropriate present value. What Son was saying, in other words, was that it isn't just romanticized views of founders that drives him to invest in companies.

"I regret my actions," Son said, again and again, but his ambition with the Vision Fund hasn't waned whatsover. Proudly, he stated two facts. The first was that the SoftBank Group's shareholder value had increased by over 1.4 trillion yen since the 1st Quarter Earning Results Briefing three months earlier. Their equity value of holdings had increased by a total of 2.1 trillion yen. The shareholder value, which is derived by subtracting the net debt from the equity values of holdings, is the management index that Son most cares about—and this had climbed to 22.4 trillion yen.

Son's second point was that the Vision Fund's cumulative investment performance was positive. As of the end of September 2019, the net unrealized

는 3승 1패다. (원래 벤처 투자에) 10승 0패는 없다. (위워크 쇼크는) 폭풍우가 아니다. 잔물결이다. "대세에 큰 지장은 없습니다. 비전 변경 없이 전략 변경 없이 이대로 묵묵하게 전진하는 것이 저의 결의이고 방침입니다." 이는 절대로 허세가 아니다. 사업가의 혼이 깃든 한 마디였다. "반성하지만 위축되지는 않습니다." 좌절은 도전하는 사람의 숙명이다. 좌절과 실패에서 무엇을 배우고 어떻게 행동해 나갈 것인가? 여기에서 진가가 드러난다.

gain of the fund was 1.3 trillion yen, and the net realized gain 500 billion yen, for a total of 1.8 trillion yen in increased value. Their unrealized loss, on the other hand, was 600 billion yen.

"The Vision Fund, as of right now, is 3:1 in wins-losses, when you look at amounts." "In either case, it's impossible to win 10:0 [when investing in start-ups]." "[The WeWork shock] is not a storm. It's just a ripple." "There's no abnormality in the system. The vision and the strategy haven't changed. The decision I've made, the policy I'm going to follow, is to keep moving resolutely forward." This wasn't just Son putting on a brave face. One thing he said seemed to embody the entrepreneurial spirit in particular: "I might have regrets, but I won't shrink away." Failure is a given when you are attempting new things. It's about what you learn from them—what you do after. That's where you will find true value.

열광하라!

Be Crazy About Something!

2019년 4월의 '소프트뱅크 커리어 LIVE 2019'가 열렸다. 앞으로 사회로 뛰어들어 비약하려는 젊은이들에게 손정의는 이런 메시지를 전했다. "변화무쌍한 시대를 살고 있는 여러분에게 제가 전하고 싶은 말은 바로 '열광하라!'입니다."

열광이라는 강렬한 단어. 그는 젊은이들의 일상을 시작으로 '열광'에 대해서 설명하기 시작했다. "여러분은 지금까지 어떤 것에 열광하며 살았습니까? 스포츠, 음악, 동아리 활동 등 여러 가지가 있었겠지요. 어엿한 사회인이 되어 최선을 다해 일해

It was April 2019, at the SoftBank Career Live, and Son was speaking in front of an audience of young people who were about to take on the world in their first jobs. "First, a word about living in this era, where the world is changing so drastically. My advice to you is to 'be crazy about something.'"

Crazy—a strong word. With that he began his explanation, addressing the everyday lives of his young audience. "Have you ever been crazy about something in your life? Maybe you were crazy about sports, music, club activities, or all kinds of things. But as you

야 할 때, 하려는 일이 열광할 수 있는 주제라면 어떻겠습니까? 저는 그것만큼 훌륭하고 멋진 인생은 없을 것이라고 생각합니다. 사회인으로서 말입니다."

이때 손정의는 학창 시절 자신의 모습을 떠올렸을 것이다. 캘리포니아의 파랗고 투명한 하늘 아래에서 잡지 사진 속의 컴퓨터 칩을 발견하고, 그 아름다움에 자기도 모르게 눈물을 흘렸던 그때를 말이다. 그는 슈퍼마켓에서 산 잡지의 한 페이지를 조심스럽게 잘라 파일 폴더에 넣어 소중하게 간직했다. 그 순간의 열광이 정보 혁명을 자신의 인생 주제로 결정하는 계기가 되었다.

"인생을 건 열광, 인생을 걸만한 가치가 있는 열광. 자신이 왜 이 주제에 열광하고 있는지 알고 있어야 합니다. 그것을 젊은 시절에, 지금 세대에 정할 수 있다면 여러분에게 중요한 결정이 되지 않을까 생각합니다. 자신이 오를 산을 결정한다. 이것만으로도 이미 인생의 절반은

become a working adult, and you start a career that you'll devote most of your life to, I think the greatest life you can live is one in which you can be crazy about your work. That's my belief."

As he spoke, Son must have been looking back at his time as a student, at the moment when he was stirred to tears by the beauty of a computer chip in a magazine photograph under the wide-open blue California sky. He had carefully cut out that page of the magazine, which he'd bought in the supermarket, and stored it safely in a file folder. In that moment of "craziness," he had decided that his life's theme would be the Information Revolution.

"Craziness you'd devote your life to, craziness that's worth devoting your life to. Think to yourself, why am I so crazy about this theme? If you're able to figure this out while you're young, while you're still of this generation, it will be a vital decision for the rest of

정해진 것입니다."

열광을 통해서 자신이 오를 산을 결정했다면, 정상을 목표로 올라가야 한다. 하지만 그것이 얼마나 힘들고 고된 일인지 오르기 전까진 짐작하기도 힘들 것이다. 그것이 국내 1등, 나아가 세계 제일의 산이라면 어떻겠는가? 죽기 전에는 정상에 오를 수 있을까? 젊은 시절의 결단이 중요하다고 손정의는 말했다.

"올림픽에서 금메달을 따는 것은 매우 어려운 일입니다. 탁구 선수가 되어 금메달을 따겠다고 2살, 3살부터 훈련을 시작했는데 18살이 되어서야 갑자기 진로를 바꿔, 역시 탁구는 아니었다고 말하며 테니스가 맞는 것 같다고 종목을 변경한 사람이 있다고 해 봅시다. 18살에 종목을 변경하면 금메달을 따는 것은 사실상 불가능한 일 아닐까요? 산을 오르다가 도중에 내려와서 다른 제일 높은 산을 골라서 다시 오르는 일은 생각보다 더 어려운 일일 것입니다. 이래서는 인생의 절반을 잃고 맙니다."

your life. Choose the mountain you want to climb, and that's half your life already decided for you."

Be crazy about something, and it determines the mountain you'll climb. And anyone, once they've decided on climbing a mountain, will aim for the summit. But this is an extremely difficult task—hard enough if your summit is to be number one in Domestic, but even harder if it's number one in the world. The question is whether you can get to that summit before you die. Son told his audience that it's the decisions you make when you're young that are important.

"Winning a gold medal at the Olympics, now that's a very hard thing to do. You start training at two, three years old, to win a gold medal in table tennis, and when you turn 18, all of a sudden change your mind and say, you know what, I actually want to do tennis. But when you start playing tennis at 18 years old, winning a gold medal in tennis is borderline impossible. It'd be like going back

인생에는 한계가 있다. 손정의의 말은 더욱 열기를 띠었다. "젊었을 때 자신이 인생을 걸고 쫓을 수 있는, 열광할 수 있는 주제를 찾는 것은 매우 중요한 일입니다. 다행히도 저는 학창 시절에 잡지에서 컴퓨터 칩의 사진을 발견했고, 오로지 그것만이 제가 정복해야 할 산이라고 생각했습니다. 그때부터 그 산에 몰두했고 지금도 그 열정은 계속 불타오르고 있습니다. 저는 행복합니다."

down a mountain after going up halfway, and then going up a whole new mountain. That's a hard thing, and you'll lose half of your life that way."

There is a limit to how long your life can be. As he went on, Son's words took on more passion. "It is so important to figure out what theme you're crazy about, what you want to devote your life to pursuing. I was lucky to come across that photo of the computer chip when I was a student, and decide on this one mountain. I lost myself in the work, and even now, my passion for it is still growing. I'm a very happy person."

生をかけた

熱狂

22

마치며 / Afterword

나의 존경하는 친구, 일본 소프트뱅크(현 소프트뱅크 그룹)의 상무이사이자 출판 사업부장을 지낸 故 하시모토 고로橋本五郎가 이런 말을 한 적이 있다. "손정의는 아날로그적인 마음을 가진 디지털 인간이다."

미국에서 학창 시절을 보내며 창업했던 청년 손정의는 큰 성공을 거머쥐었지만, 곧이어 미국 회사를 매각하고 일본으로 돌아올 결심을 한다. 왜 이런 결정을 하게 되었을까?

손정의가 16세에 혈혈단신으로 미국 유학길에 오르던 날, 그의 어머니는 아들 걱정에 눈물을 흘리셨다. 뒤

The late Goro Hashimoto, a dear friend of mine and the former Executive Director & Publishing General Manager at SOFTBANK Corp. Japan. (current SoftBank Group Corp.), once said, "Son is a digital person with an analog heart."

As a young man, Son achieved great success by founding a company while studying in the U.S. Later, however, he decided to sell it and return to Japan. Why?

When he set out alone to the U.S. at the age of 16, his mother had cried with worry. He promised his mother at

이어 "유학을 마치면 일본으로 돌아오거라"라고 말씀하셨다. 그는 어머니와의 약속을 지키기 위해서 미국 생활을 접고 일본으로 돌아왔다. 그리고 일본에서 다시 회사를 세웠다.

사업가 손정의는 '정보 혁명으로 사람들을 행복하게'라는 강한 신념을 가지고 있는 사람이다. 나에게는 1987년 10월, 장장 5시간에 걸친 손정의와의 첫 인터뷰 속기 기록이 남아 있다. 그때부터 32년 동안 취재를 거듭했는데 기술 진화에 대한 그의 신념은 지금까지도 흔들림 없이 이어지고 있다.

일단 이 책을 집필하는 데 도움을 준 소프트뱅크 그룹의 손정의 대표이사이자 사장에게 깊은 감사의 인사를 전한다. 그는 지난 30여 년 동안 취재자인 나와의 약속을 단 한 번도 깬 적이 없었다. 서장의 인터뷰에서 기업가에 대한 그의 강인한 생각을 들을 수 있었다. "자나 깨나 무슨 일이 있어도 온통 그것만 집중적으로 생각해야 합니다. 그것만 마음

that moment that he would return to Japan after his studies were over. And so he returned, to honor his promise. And he started up a company in Japan.

The entrepreneur Masayoshi Son has a strong desire, a conviction, to make people happier through the Information Revolution. I still have my notes from my first interview with Son back in 1987, which spanned five hours. the 32 years that I've been interviewing Son, his conviction about technological evolution has not wavered in any way.

In writing this book, I first want to thank Masayoshi Son, Chairman and CEO of SoftBank Group Corp. Over the 30 years that I have spent as his interviewer, he has not broken a single promise to me. In the interview in the prologue, I had the privilege of hearing his passionate thoughts about start-up founders. "You have to always be thinking about your idea, and thinking hard about it, whether asleep or awake. You have to be so passionate

에 품고 그 생각만 하면서 잠들 정도로 강렬한 열정이 없으면 다른 사람을 뛰어넘는 일은 불가능합니다. 깊은 생각과 간절한 바람, 미쳤다는 소리를 들을 만큼의 노력이 없으면 날개는 돋지 않아요."

이 책을 집필하면서 손정의의 친동생이자 창업가인 미슬토Mistletoe의 손태장 회장에게 여러 이야기를 들을 수 있었던 것은 행운 중의 행운이었다고 생각한다. 누구보다도 사업가 손정의를 깊이 이해하고 있는 인물이기 때문이다.

"테크놀로지에 대해 기술적인 가치와 경제적인 가치를 두루 고려하면서 미래를 예측할 수 있는 능력. 이 능력만큼은 그 누가 아무리 노력해도 형을 이길 수 없을 것이다. 이런 의미에서 형을 '세계 최강의 벤처 캐피털리스트'라고 해도 절대 과언이 아니라고 생각한다." 손태장이 페이스북에 남긴 '손정의론'은 정곡을 찌른다.

또한 개인적으로 사나다 신키치

about it that you're basically going to sleep cradling those thoughts, or else it's going to be difficult for you to get too far ahead of everyone else. Without that emotional investment, that aspiration, that crazed effort, you won't get anywhere close to growing wings."

I was extremely fortunate in writing this book to be able to speak to Taizo Son, Son's younger brother, who is himself a start-up founder, and who established the company Mistletoe, which invests in start-ups and helps cultivate human resources. He understands the entrepreneur Masayoshi Son better than anybody else.

"The fact that he can predict the future, evaluating technologies through both technological and financial perspectives—this is something he's better at than almost everybody in the world. And in that sense, it may not be an exaggeration to say that he's the world's best venture capitalist." Taizo's "The Theory of Masayoshi Son," which he posted on

眞田眞吉, 나의 장인어른께도 감사의 마음을 전한다. 설립 초창기에 일본 소프트뱅크(현 소프트뱅크 그룹)가 간행했던 《포케 라이브러리》(1981년), 《프로그램 라이브러리》(1982년)를 애독했고 간행물의 글을 따라서 실제로 프로그램을 작동시켰던 분이다. 이런 귀중한 자료를 선뜻 제공해 주셨다.

마지막으로 이 책을 전 세계로 발신하겠다는 기획에 찬성해준 닛케이 톱 리더 편집부의 홋포 마사토北方雅人 편집장과 편집 담당이었던 오노 다쓰小野田鶴 부편집장께도 감사의 마음을 전한다.

이노우에 아쓰오井上篤夫

Facebook, truly got to the heart of who Son is.

I would also like to thank my father-in-law, Shinkichi Sanada. He pored through the "Pocket Computer Library" (1981) and "Program Library" (1982) texts published by SOFTBANK Corp. Japan (current SoftBank Group Corp.) in their early years, and managed to write a functional program based on the information in these texts. He provided me with this very precious reference material for the writing of this book.

Finally, I would like to thank Masato Hoppo, Editor-in-Chief of Nikkei Top Leader Editorial Department, and Tazu Ono, Deputy Editor-in-Chief and the editor of this book, for their support in my endeavor.

Atsuo Inoue

- 어머니와 함께 찍은 어린 시절의 손정의.

연혁

	손정의 / 소프트뱅크 그룹	사회 / 경제
1957년	8월 11일 아버지 손삼헌, 어머니 이옥자 사이에서 사남 중 차남으로 사가현 도스시에서 태어남. 사업을 경영하는 아버지의 영향을 받아서 어린 시절부터 '사업가'가 되겠다고 결심함.	
1964년(7세)		도쿄에서 하계 올림픽이 개최되었음.
1973년(16세)	4월, 후쿠오카현 구루메 시내의 구루메 대학 부설 고등학교에 입학함. 여름 방학에 미국 어학연수로 캘리포니아대학교 버클리 캠퍼스를 방문함. 그해 가을에 구루메 대학 부설 고등학교를 중퇴함.	파리 평화 협정이 맺어졌고 닉슨 대통령은 '베트남 전쟁 종결'을 선언함. 그러나 이후에도 약 2년 동안 전쟁이 이어짐.
1974년(17세)	2월 미국으로 건너감. 9월 어학원을 거쳐서 미국 캘리포니아주 델리 시티의 세라몬테 고등학교에 2학년으로 편입함.	
1975년(18세)	9월 홀리 네임즈 칼리지에 입학함.	빌게이츠가 하버드 대학을 중퇴함. 폴 앨런과 함께 마이크로소프트를 창업함.
1976년(19세)	'인생 50년 계획'을 세움.	스티브 잡스가 스티브 워즈니악과 함께 애플 컴퓨터를 창업함.
1977년(20세)	캘리포니아대학교 버클리 캠퍼스 3학년으로 편입함(경제학 전공).	
1978년(21세)	미국에서 M SPEECH SYSTEM INC를 설립함. 대학을 휴학하고 일본으로 일시 귀국함. 직접 발명한 음성 기능 전자 번역기를 대기업 샤프에 팔고 '100만 달러 계약'에 성공함. 캘리포니아대학교 버클리 캠퍼스에서 천체 물리를 전공하고 있던 오노 마사미大野優美와 결혼함.	

Chronological History (Abridged)

	Masayoshi Son / SoftBank Group	Society / Economics
1957	August 11: Masayoshi Son is born in Tosu City, Saga Prefecture to father Mitsunori and mother Tamako Lee. Decides as a child that he wants to be an entrepreneur, partly due to the influence of his father, who ran multiple businesses	
1964 (7 years old)		The 1964 Summer Olympic Games are held in Tokyo
1973 (16 years old)	April: Enters Kurume University Senior High School in Kurume City, Fukuoka Prefecture Visits the University of California, Berkeley as part of a language training program in the U.S. over the summer Drops out of Kurume University Senior High School in fall	The Paris Peace Accords are signed, and President Richard Nixon declares an end to the Vietnam War. Battles, however, continued for two years after this declaration
1974 (17 years old)	February: Moves to the U.S. September: After studying at a language school, Son transfers into Serramonte High School in Daly City, California in the U.S. as a 2nd-year	
1975 (18 years old)	September: Begins attending Holy Names University	Bill Gates drops out of Harvard University, establishes Microsoft with Paul Allen
1976 (19 years old)	Sets up his "50-Year Life Plan"	Steve Jobs establishes Apple Computer with Steve Wozniak
1977 (20 years old)	Transfers into the University of California, Berkeley College of Letters and Science as a 3rd-year(major in economics)	
1978 (21 years old)	Establishes M SPEECH SYSTEM INC. in the U.S. Takes time off from school, and returns temporarily to Japan. Sells his invention, an electronic translator with a voice function, to the major electrical appliance manufacturer Sharp, and signs a contract that earns him a million dollars Marries Masami Ohno, her concentration was on astrophysics at the University of California, Berkeley	

1979년(22세)		이란 혁명 등을 계기로 제2차 오일 쇼크가 일어남.
1980년(23세)	캘리포니아대학교 버클리 캠퍼스를 졸업하고 귀국함.	
1981년(24세)	3월 후쿠오카시에서 기획 회사 유니슨 월드를 설립함. 9월 도쿄도 치요다구에 일본 소프트뱅크를 설립함. 컴퓨터용 패키지 소프트의 유통 사업을 시작함. '포케콘 라이브러리'를 간행함.	
1982년(25세)	컴퓨터나 소프트웨어를 소개하는 전문 월간지 《Oh! PC》와 《Oh! MZ》를 창간하고 출판 사업을 시작함.	
1983년(26세)	만성간염으로 입원함. 본격적인 투병 생활을 시작함.	
1984년(27세)	만성간염을 극복하고 퇴원함.	스티브 잡스가 이끄는 애플 컴퓨터가 초대 매킨토시를 발매함.
1985년(28세)		스티브 잡스가 애플 컴퓨터에서 실권을 잃음.
1986년(29세)	정식으로 사장으로 복귀함.	
1989년(32세)		베를린 장벽이 무너짐. 일본 연호가 쇼와昭和에서 헤이세이平成로 바뀜.
1990년(33세)	7월 일본 소프트뱅크를 소프트뱅크로 명칭 변경함.	일본 대장성 은행 국장이 토지 관련 융자에 대한 '총량 규제'를 통지함. 일본 경제는 버블 붕괴로 향함.
1994년(37세)	7월 주식을 일본 증권업 협회에 등록함.	
1995년(38세)	4월 세계 최대 컴퓨터 전시회인 '컴덱스'를 운영하는 미국 The Interface Group 전시회 부분으로 자본 참여함.	마이크로소프트가 윈도우즈95를 발표 및 발매함.

1979 (22 years old)		The Second Oil Shock occurs as a result of the Iranian Revolution and a variety of other factors
1980 (23 years old)	Graduates from the University of California, Berkeley, and returns to Japan	
1981 (24 years old)	March: Establishes Unison World, a planning company, in Fukuoka City September: Establishes SOFTBANK Corp. Japan (current SoftBank Group Corp.) in Chiyoda Ward, Tokyo, and starts a logistics business for packaged software. Publishes the "Pocket Computer Library"	
1982 (25 years old)	Begins publication of "Oh! PC" and "Oh! MZ," monthly professional magazines that introduce readers to PCs, software, etc., and starts publishing business	
1983 (26 years old)	Hospitalized for hepatitis, and begins undergoing serious treatment	
1984 (27 years old)	Cured of hepatitis, and is discharged from hospital	Apple Computer, led by Steve Jobs, begins sales of the first generation Macintosh computer
1985 (28 years old)		Steve Jobs removed from command at Apple Computer
1986 (29 years old)	Officially reinstates as Chairman & CEO of company	
1989 (32 years old)		The Berlin Wall comes down Japanese era changes from Showa to Heisei
1990 (33 years old)	July: Changes company name from Softbank Corp.Japan to SoftBank Corp.	The Ministry of Finance Banking Bureau in Japan sends out a notification for total volume control of property-related financing. The Japanese "bubble economy" heads toward collapse
1994 (37 years old)	July: Registeres with Japan Securities Dealers Association	
1995 (38 years old)	April: Acquires interests in Technology Events Division of the Interface Group in the U.S., which was operating COMDEX, the world's largest PC fair	Microsoft releases Windows 95

1996년(39세)	1월 미국 Yahoo Inc.와의 공동 출자로 일본법인 야후(현 Z홀딩스)를 설립함. 2월 미국 SoftBank Holdings Inc.를 통해서 컴퓨터 업계의 최첨단 정보지《PC WEEK》를 출판함. 미국 Ziff-Davis Publishing Company를 매수함.	스티브 잡스가 애플 컴퓨터로 복귀함.
1998년(41세)	1월 주식을 도쿄 증권 거래소 시장 제1부에 상장함.	
1999년(42세)	10월 순액 보유주 회사로의 이행을 완료함.	
2000년(43세)	1월 알리바바에 출자함.	
2001년(44세)	9월 비비 테크놀로지(현 소프트뱅크)가 브로드밴드 종합 서비스 'Yahoo! BB' 서비스를 개시함.	미국에서 911테러가 발생함. IT 버블이 붕괴됨.
2003년(46세)	1월 비비 테크놀로지 등 자회사 4개 사를 병합, 소프트뱅크 BB(현 소프트뱅크)가 탄생함.	
2004년(47세)	7월 일본 텔레콤(현 소프트뱅크)을 매수, 고정 통신 사업에 뛰어듦.	
2005년(48세)	1월 프로야구 구단을 운영하는 후쿠오카 다이에 호크스(현 후쿠오카 소프트뱅크 호크스)를 매수함.	
2006년(49세)	4월 영국 Vadafone Group Plc의 일본법인 보다폰의 주식을 공개 매입 등을 통해서 취득하고 매수해 이동 통신 사업에 뛰어듦.	
2008년(51세)	7월 소프트뱅크 모바일(현 소프트뱅크)이 'iPhone 3G'를 발매함.	미국 리먼 브라더스가 경영 파산함(리먼 쇼크).
2010년(53세)	7월 '소프트뱅크 아카데미아'를 개교함.	

1996 (39 years old)	January: Establishes the Yahoo Japan Corporation (current Z Holdings Corporation) through joint investment with Yahoo Inc. in the U.S. February: Acquires Ziff-Davis Publishing Company, U.S. publisher of PC WEEK magazine, provider of leading-edge information on the PC industry, through SoftBank Holdings Inc.	Steve Jobs reinstated at Apple Computer
1998 (41 years old)	January: SoftBank is listed on the First Section of Tokyo Stock Exchange	
1999 (42 years old)	October: Converts to a pure holding company	
2000 (43 years old)	January: Invests in Alibaba	
2001 (44 years old)	September: BB Technologies Corporation (current SoftBank) launches Yahoo! BB comprehensive broadband service	The September 11 (9/11) Attacks occur The Dotcom Bubble bursts
2003 (46 years old)	January: Merges BB Technologies Corporation and three other subsidiaries to form SoftBank BB Corp. (current SoftBank)	
2004 (47 years old)	July: Acquires shares of JAPAN TELECOM CO., LTD (current SoftBank), and entered fixed-line telecommunications business	
2005 (48 years old)	January: Acquires shares of Fukuoka Daiei Hawks Corp. (current Fukuoka SoftBank HAWKS)	
2006 (49 years old)	April: Acquires shares of U.K.- based Vodafone Group Plc's Vodafone K.K. (current SoftBank) through public tender offer and enters the mobile communications business	
2008 (51 years old)	July: SoftBank Mobile Corp. (current SoftBank) begins sale of iPhone 3G	The U.S. company Lehman Brothers Holding Inc. files for bankruptcy (Lehman Crisis)
2010 (53 years old)	July: Launches SoftBank Academia	

2011년(54세)	4월 동일본 대지진에 위로금과 지원금을 기부하기로 발표함(소프트뱅크 그룹에서 10억 엔, 손정의 개인이 100억 엔을 기부). 6월 동일본 대지진 복구 지원 재단을 설립함. 7월 자연 에너지 협의회, 지정 도시 자연 에너지 협의회를 설립함. 8월 자연 에너지 재단을 설립함. 10월 SB에너지 주식회사를 설립함.	동일본 대지진이 일어남.
2013년(56세)	7월 미국 Sprint Nextel Corporation(현 Sprint Corporation)의 자회사화가 완료됨.	
2014년(57세)	6월 소프트뱅크 모바일(현 소프트뱅크)과 ALDEBARAN Robotics SAS(현 SoftBank Robotics Europe)가 세계 최초로 감정 인식 퍼스널 로봇 'Pepper'를 발표함.	
2015년(58세)	4월 소프트뱅크 모바일, 소프트뱅크 BB, 소프트뱅크 텔레콤, 와이모바일을 합병함. 7월 소프트뱅크를 소프트뱅크 그룹으로, 소프트뱅크 모바일을 소프트뱅크로 명칭 변경함.	
2016년(59세)	9월 영국 ARM Holdings plc(현 Arm Limited)를 매수함. 12월 손정의 육영 재단을 설립함.	영국이 국민 투표로 EU 탈퇴를 결정함.
2017년(60세)	5월 '소프트뱅크 비전펀드'의 첫 클로징 완료함.	도널드 트럼프가 제45대 미국 대통령으로 취임함.
2018년(61세)	4월 영국 Sprint Corporation과 T-Moble US가 합병 거래에 합의함. 12월 소프트뱅크가 도쿄 증권 거래소 제1부에 상장함.	
2019년(62세)	2월 소프트뱅크, 도요타 자동차와의 공동 출자 회사인 MONET Techologies가 업무를 개시함.	일본 연호가 헤이세이에서 레이와 쇼와로 바뀜. 후쿠오카 소프트뱅크 홀딩스가 프로야구 일본 시리즈 3연승을 거둠.

2011 (54 years old)	April: Makes announcement regarding donations/support funds for the Great East Japan Earthquake (1 billion yen from the SoftBank Group, 10 billion yen from Son himself) June: Establishes The Great East Japan Earthquake Recovery Initiatives Foundation July: Establishes Renewable Energy Council, GDC Renewable Energy Council August: Establishes The Renewable Energy Institute October: Establishes SB Energy Corp.	The Great East Japan Earthquake occurs
2013 (56 years old)	July: Completion of Acquisition of U.S.-based Sprint Nextel Corporation (current Sprint)	
2014 (57 years old)	June: SoftBank Mobile Corp. (current SoftBank) and ALDEBARAN ROBOTICS SAS (current SoftBank Robotics Europe) announces "Pepper", the world s first personal robot that reads emotions	
2015 (58 years old)	April: SoftBank Mobile Corp. (currently SoftBank Corp.), SoftBank BB Corp., SoftBank Telecom Corp. and Ymobile Corporation merges July: Company name of SoftBank Corp. changes to SoftBank Group Corp., and company name of SoftBank Mobile Corp. changes to SoftBank Corp.	
2016 (59 years old)	September: Acquires U.K.-based ARM Holdings Plc (current Arm Limited) December: Establishes the Masason Foundation	The U.K. makes the decision to leave the EU through a referendum
2017 (60 years old)	May: The SoftBank Vision Fund announces its first major closing	Donald Trump is elected as the 45th U.S. President
2018 (61 years old)	April: U.S-based Sprint and T-Mobile US enters into a definitive agreement to merge December: SoftBank is listed on the First Section of Tokyo Stock Exchange	
2019 (62 years old)	February: MONET Technologies joint venture formed by Toyota and SoftBank Corp., started business	Japanese era changes from Heisei to Reiwa The Fukuoka SoftBank HAWKS wins the Japan Series (professional baseball) for the third consecutive time

손정의 사업가 정신

창업과 경영의 본질을 말하다

초판 발행 2023년 3월 13일
1판 2쇄 2024년 7월 15일
발행처 비즈니스랩
발행인 현호영
지은이 이노우에 아쓰오
옮긴이 이지현
편 집 송희영
디자인 강지연, 오미인
전 화 02.337.7932
팩 스 070.8224.4322
주 소 서울특별시 마포구 백범로 35, 서강대학교 곤자가홀 1층

ISBN 979-11-92143-77-4

SON MASAYOSHI JIGYOKA NO SEISHIN
written by Atsuo Inoue

Copyright © 2019 by Atsuo Inoue. All rights reserved.
Originally published in Japan by Nikkei Business Publications, Inc.

Korean translation rights arranged with Nikkei Business Publications, Inc.
through Korea Copyright Center Inc.

이 책은 (주)한국저작권센터(KCC)를 통한 저작권자와의 독점계약으로
유엑스리뷰(비즈니스랩)에서 출간되었습니다. 저작권법에 의해 한국 내에서
보호를 받는 저작물이므로 무단전재와 복제를 금합니다.

잘못 만든 책은 구입한 서점에서 바꿔 드립니다.

좋은 아이디어와 제안이 있으시면 출판을 통해 더 많은 사람에게 영향을 미치시길 바랍니다.
투고 및 제안: uxreviewkorea@gmail.com